Cilli Reisingers
Brotbackbuch

Auflage:
6
2015

© 2006 by loewenzahn in der Studienverlag Ges.m.b.H., Erlerstraße 10, A-6020 Innsbruck
e-mail: loewenzahn@studienverlag.at, Internet: www.loewenzahn.at

Grafische Ausstattung und Satz:
hœretzeder grafische gestaltung, Scheffau/Tirol
Mitarbeit: Ines Graus

Coverfoto: Bernhard Aichner, www.fotowerk-aichner.at
Fotos Umschlagrückseite und Innenteil: Bettina Part,
außer S. 10/11: Bernhard Aichner, www.fotowerk-aichner.at

Gedruckt auf umweltfreundlichem, chlor- und säurefrei gebleichtem Papier.

Bibliografische Information Der Deutschen Bibliothek
Die Deutsche Bibliothek verzeichnet diese Publikation in der Deutschen Nationalbibliografie;
detaillierte bibliografische Daten sind im Internet über <http://dnb.ddb.de> abrufbar.

ISBN: 978-3-7066-2396-4

Cilli Reisingers
Brotbackbuch

Einfach gute Rezepte
vom Bauernhof

Cilli Reisingers Brotbackbuch

8   **Vorwort**

Einführung
12   **Die wichtigsten Tipps
     fürs Brotbacken**
14   **Getreide zum Brotbacken**
15   **Brotgewürze**
16   **Sauerteig leicht gemacht**
17   **Das Dampferl**
18   **Flesserl und Knopf
     richtig formen**
19   **Brot lagern**
20   **Brotfehler**

Brot mit Sauerteig
24   Cillis Bauernbrot
26   Cillis Vollkornbrot mit Sauerteig
28   Vollkornbrot mit Kürbiskernen
30   Dinkelvollkornbrot
32   Sauerteig-Kastenbrot
33   Schnelles Sauerteigbrot
34   Bauernvollkornbrot
36   Roggenschrotbrot mit
     Kürbiskernen
38   Walnussbrot
40   Saftiges Landbrot
42   Schwarzbrot
44   Hausbrot mit Buttermilch
46   Roggen-Leinsamen-Brot

Brot ohne Sauerteig

50	Vollkornbrot ohne Sauerteig
52	Sonnenblumenbrot I
54	Feines Müslibrot
56	Dinkelbrot mit Honig
58	Buttermilchbrot mit Sesam
59	Kräuter-Fladenbrot
60	Vollkornbrot mit Walnüssen
62	Zehn-Minuten-Brot
64	Gesundheitsbrot
66	Sonnenblumenbrot II
68	Weißbrot (Semmelwecken)
69	Buttermilch-Bauernbrot
70	Buttermilchbrot mit Topfen
72	Vollkornbrot mit Haferflocken

74	Bierbrot
76	Dinkel-Buchweizen-Brot
77	Dinkelbrot mit Sesam
78	Dinkelbrot mit Molke
80	Toastbrot
82	Topfengewürzbrot
84	Zwiebelbaguette
85	Käse-Stangenbrot
86	Baguette
88	Kürbiskernbrot mit Käse
90	Ciabatta (Italienisches Fladenbrot)
92	Schnelles Dinkelbrot
93	Haferflockenbrot

Inhaltsübersicht
Cilli Reisingers Brotbackbuch

Kleingebäck mit Sauerteig

96 Roggenlaibchen
98 Schuastaloaberl
100 Partyrad
102 Nussweckerl
104 Specklaibchen

Kleingebäck ohne Sauerteig

108 Salzstangerl I
110 Mohnflesserl I
112 Frühstücksbrötchen
114 Schusterlaibchen
116 Käseweckerl I
118 Salzstangerl II
120 Dinkelweckerl I
122 Dinkelweckerl II
123 Wachauer Weckerl
124 Buttermilch-Vollkornweckerl
126 Joghurtweckerl
128 Mohnzöpfchen
130 Käsehörnchen
132 Rahmweckerl

134 Mohnflesserl II

135 Landmehlweckerl

136 Mehrkornweckerl

138 Grahamweckerl I

140 Käseweckerl II

142 Leinsamenweckerl

143 Partysemmerl

144 Vintschgerl

146 Pizzaweckerl

148 Bier-Roggenbrötchen

149 Buttermilchweckerl mit Sesam

150 Müslilaiberl

152 Mürbe Brezel

154 Topfenweckerl

156 Käse-Vollkornweckerl

157 Grahamweckerl II

158 Dinkelkipferl

160 Weizen-Dinkel-Laibchen

162 Vollkornkipferl

164 Laugenstangerl

166 Grissini (Brotstangerl)

168 Jourgebäck

170 Semmeln

175 *Alphabetisches Register*

176 *Die Autorin*

Abkürzungsverzeichnis

g	Gramm
kg	Kilogramm
°C	Grad Celsius
ml	Milliliter
l	Liter
EL	Esslöffel
TL	Teelöffel

Lebendiges Brot

Um gesund zu leben, müssen wir uns gesund ernähren. Brot hilft uns dabei, denn es ist eines der ältesten und gesündesten Nahrungsmittel.

Die Geschichte des Brotes reicht über 6000 Jahre zurück zu den alten Ägyptern. Von Ägypten aus eroberte das Brot die ganze Welt. Für die Hebräer war das Brot nicht nur ein irdisches Nahrungsmittel, sie gaben ihm auch einen religiösen Charakter. „Ich bin das lebendige Brot, das vom Himmel gekommen ist. Wer von diesem Brot isst, der wird leben in Ewigkeit", heißt es im Johannes-Evangelium. Im „Vaterunser" wird heute noch für das tägliche Brot gebetet.

Auch in Österreich hat das Brotbacken eine lange, sehr positive Tradition. Früher wurde so gut wie auf jedem Bauernhof Brot gebacken. Es gab die so genannten „Backhäusl", das waren aus Ziegel und Lehm gemauerte Backöfen. Diese heizte man meist mit Fichtenscheitern. Der Teig wurde in der Bauernstube in großen Backtrögen geknetet. Auf größeren Bauernhöfen wurden bis zu 25 Laibe gebacken.

Im Zuge der Mechanisierung gab es immer weniger „Personal" auf den Bauernhöfen und das Brotbacken wurde leider fast aufgegeben. In den letzten 10 bis 15 Jahren setzte erfreulicherweise ein Gegentrend ein. Sowohl auf Bauernhöfen als auch in privaten Haushalten auf dem Land und in der Stadt wurde wieder Brot gebacken. Selbst gemacht ist ja doch am gesündesten, weil man weiß, wo es herkommt. Und so schmeckt es auch am besten.

So begann auch ich vor ca. acht Jahren mit dem Brotbacken. Bei den Bäuerinnen und verschiedenen Frauengruppen wurden Brotbackkurse angeboten, die ich gerne annahm. Ich holte mir auch Ratschläge von Bäuerinnen, die bereits in der ersten Hälfte des vorigen Jahrhunderts Brot gebacken hatten. Ich sammelte Rezepte und probierte sie natürlich auch selber aus. Dabei ist mir die Verwendung des gesunden Dinkels immer wichtiger geworden.

Meine Auswahl der besten Rezepte habe ich nun in diesem Backbuch zusammengefasst. Mir ist es eine Freude, dieses Wissen weitergeben zu dürfen. Ich hoffe, auch Sie haben viel Freude mit diesem Buch und nutzen es häufig. Lassen Sie sich das Brot und das Kleingebäck schmecken!

Cilli Reisinger
Bäuerin z'Bachschwölln in Taufkirchen an der Pram
Anfang des Jahres 2006

Die wichtigsten Tipps fürs Brotbacken

So gelingt der Teig

Die Zutaten werden genau gewogen.

◆ Körndl wie z.B. Sonnenblumenkerne, Leinsamen oder Sesam über Nacht in lauwarmem Wasser einweichen, bevor Sie sie zum Brotteig geben.

◆ Bei Mehl sollten Sie immer auf die Frische und die Qualität achten. Wenn Sie keine Getreidemühle haben, ist es am besten, das Mehl frisch gemahlen bei einer kleinen Mühle zu kaufen. Dort bekommen Sie es nämlich meist ohne Konservierungsstoffe. Das Mehl hat aber eine kurze Lagerzeit. Frisch gemahlenes Vollkornmehl sollten Sie nicht länger als 2–3 Wochen lagern.

◆ Beim Zubereiten des Teiges nicht immer gleich die ganze Flüssigkeit dazugeben. Der Teig könnte manchmal zu weich sein. Wenn er trotzdem einmal zu weich wird, können Sie immer noch etwas Mehl darunter kneten.
Meine Empfehlung: bei ca. 1 kg Mehl 400–500 ml Flüssigkeit verwenden.

Die Zutaten werden zum Brotteig verarbeitet.

◆ Der Teig soll das letzte Mal nicht zu lange gehen, damit er nicht zusammenfällt, wenn Sie ihn ins heiße Backrohr geben.

◆ Frischer Germ geht schneller auf als Trockengerm. Letzterer ist aber länger haltbar.

◆ Der Teig geht gut auf, wenn alle Zutaten eine Zimmertemperatur von mindestens 21–22 °C haben.

◆ Den Teig beim Gehenlassen immer mit einem Tuch abdecken und warm stellen.

- Brotteige, die Sie in einer Kastenform backen möchten, sollten etwas weicher sein.

- Die Oberfläche des fertigen Teiges mit Wasser, Milch oder Eiermilch bestreichen. Am Schluss mit einer Gabel oder Nadel hineinstechen.

Hinweise zum Backen

- Das Backrohr immer vorheizen.

- Beim Brotbacken im Heißluftofen stellen Sie die Temperatur am besten immer um ca. 20–30 °C niedriger ein.

- Beim Backen des Brotes eine Schale mit Wasser ins Rohr stellen. Durch den Dampf trocknet es nicht aus.

- Wenn Sie Brot in der Kastenform backen, geben Sie es bitte 10 – 15 Minuten vor dem Fertigbacken aus der Form und dann aufs Blech. Das Brot bekommt rund herum eine schöne Farbe und Kruste.

- Eine glänzende Brotrinde erreichen Sie, indem Sie das Brot kurz vor dem Fertigbacken nochmals mit Wasser bestreichen.

- Das Brot ist fertig gebacken, wenn Sie auf die Unterseite klopfen und es dabei hohl klingt.

- Das Brot immer gut auskühlen lassen, bevor Sie es anschneiden.

Der Brotteig wird in eine Schüssel zum Gehenlassen gelegt.

In einem Heißlufherd können mehrere Bleche auf einmal gebacken werden.

Getreide zum Brotbacken

Weizen

- ◆ Weizenmehl ist besonders backfähig. Es eignet sich sehr gut zur Herstellung von hellerem Brot und Gebäck.
- ◆ Weizenvollmehl ist ein sehr vollwertiges Mehl.

Roggen

- ◆ Die Backfähigkeit beim Roggenmehl ist nicht so gut, da der Klebergehalt geringer ist. Daher ist es besser, Roggenmehl mit Weizenmehl oder Dinkelmehl zu mischen. Wenn Sie reines Roggenbrot zubereiten möchten, sollten Sie den Teig unbedingt mit Sauerteig machen. Es ist dann eine längere Gehzeit des Teiges notwendig.
- ◆ Reines Roggenbrot ist sehr saftig.

Dinkel

- ◆ Dinkel ist ein sehr hochwertiges und gesundes Getreide. Laboranalysen ergaben für den Dinkel einen hohen Kleber- und Vitamingehalt. Daher ist Dinkel beim Brotbacken besonders wertvoll. Sie können Dinkelmehl sowohl als Weißmehl als auch als Dinkelvollmehl verwenden. Besonders gut kann man Dinkelmehl mit Roggen- oder Weizenmehl mischen.
- ◆ Brot mit Dinkelvollmehl hat einen nussigen Geschmack.

Der Dinkel

Der Dinkel (die Spelze) ist die beste Körnerfrucht. Er ist fett kräftig und milder als alle anderen Arten. Dem, der ihn isst, bereitet er ein rechtes Fleisch und rechtes Blut und macht die Sinne des Menschen heiter und froh. Wie er auch immer zu sich genommen wird, er ist bekömmlich in jeder Zubereitung.

Wenn einer so krank ist, dass er nichts mehr zu sich nehmen kann, dann bereite man ihm eine Speise aus gekochten Dinkelkörnern, zusammen mit Ei, und es wird ihn innerlich heilen wie eine gute Salbe.

Hildegard von Bingen (1098–1179)

Dinkel

Brotgewürze

◆ Typische Brotgewürze sind:
  Kümmel, Koriander, Fenchel und *Anis*.

◆ Der Geschmack wird intensiver, wenn Sie die Gewürze
  mahlen.

◆ Es gibt auch fertiges Brotgewürz im Handel zu kaufen.

Salz

Sie sollten nie zu viel Salz verwenden, ca. 2 Teelöffel zu 1 kg
Mehl. Außerdem kann ich Ihnen nur empfehlen, dass Sie das
Salz nie gleichzeitig mit Germ in den Teig geben. Am besten
immer zuerst das Mehl mit den Gewürzen und Salz mischen.
Salz wirkt hemmend auf den Germ und könnte das Aufgehen
verhindern.

Kümmel   Anis   Fenchel   Koriander

Sauerteig leicht gemacht

◆ Wenn Sie das erste Mal ein Brot backen, nehmen Sie am besten ein Rezept mit Germ. Zu diesem Teig gibt man etwas Buttermilch. Dann nimmt man von diesem Teig ca. 150–200 g weg, gibt ihn in ein Schraubglas, bedeckt ihn mit Wasser und stellt ihn in den Kühlschrank. Nach 3–4 Tagen können Sie ihn schon als Sauerteig verwenden.

◆ Vor dem Verwenden immer das Wasser abgießen. Wenn Sie öfter backen, behalten Sie sich vom Brotteig etwas zurück. Bei Rezepten von 1 kg Mehl ca. 100–150 g Sauerteig weggeben. Diesen gibt man in ein Glas mit Deckel, gießt wieder Wasser darüber und stellt ihn in den Kühlschrank. Sauerteig, der kühl gelagert wird, hält ca. 2–3 Wochen.

◆ Sauerteig gibt es auch in Naturkostläden zu kaufen. Diese Variante ist zu empfehlen, wenn Sie zum ersten Mal oder nicht allzu oft Brot mit Sauerteig backen.

Brotteig mit einem
Glas Buttermilch

Schraubglas mit
frischem Sauerteig

Sauerteig mit Bläschen

Das Dampferl

◆ Dampferl nennen wir den Brei aus Sauerteig, Germ, Wasser und Mehl, den man vor der Zubereitung des Brotteiges in einer Schüssel oder einem Topf anrührt. Das Dampferl mit Sauerteig wird oft schon am Vorabend angerührt. Das hängt vom jeweiligen Rezept ab.

◆ Wir sprechen aber auch von einem Dampferl, wenn dieses nur mit Germ, Flüssigkeit und eventuell etwas Zucker angerührt wird. Dieses braucht nur ca. 10 Minuten zu gehen.

Zubereitung des Dampferls mit Sauerteig

◆ In einer Schüssel oder einem Topf mit Deckel Sauerteig, Germ, Wasser und Mehl mit dem Schneebesen gut verrühren und über Nacht zugedeckt an einen warmen Platz stellen.

Zutaten für Dampferl

Bedeckte Schüssel mit
Brotteig zum Aufgehen

Das Volumen hat
sich verdoppelt.

Flesserl & Knopf richtig formen

Flesserl
25 cm Rolle

Knopf
15 cm Rolle

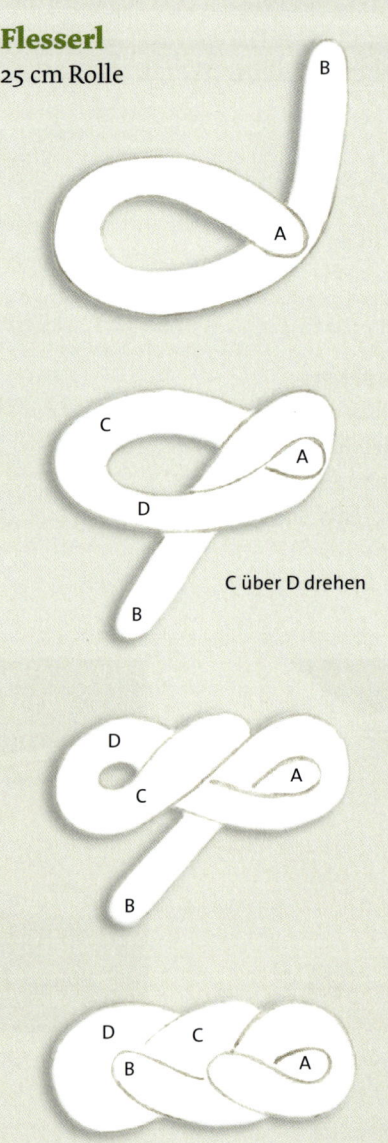

C über D drehen

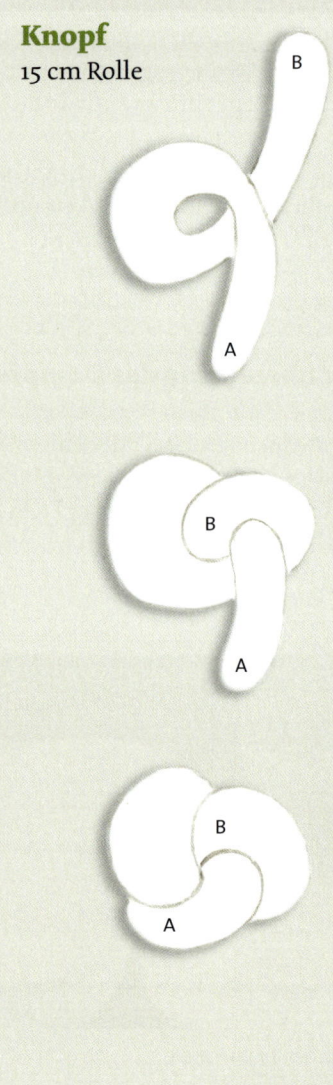

Brot lagern

◆ Brot lagern Sie am besten in einem nicht zu dicht ver-
schlossenen Behälter (z.B. Brotdose) oder in einer Brotlade
mit Lüftungsschlitzen. Brot nie im Kühlschrank aufbewah-
ren, da es bei Temperaturen um 0 °C schneller alt wird.

◆ Wenn Sie Brot länger lagern möchten, sollten Sie das Brot
einfrieren. Beim Auftauen das Brot über Nacht in die Küche
legen, damit es langsam auftaut. So bleibt es sehr saftig.

◆ Kleingebäck nur ca. 1 Stunde vorher aus der Tiefkühltruhe
herauslegen und dann noch schnell ins vorgeheizte Backrohr
(5 Minuten). So erhalten Sie ein knuspriges Gebäck.

◆ Brauchen Sie einmal sehr schnell frisches Brot, wickeln
Sie das tief gefrorene Brot einfach in Alufolie und geben
Sie es ca. 30–40 Minuten ins vorgeheizte Backrohr
bei 200 °C.

Brotfehler

Selbst bei reicher Erfahrung gelingt das Brot nicht immer gleich gut: Einmal geht es nicht auf, einmal wird es nicht locker. Einmal ist es zu trocken, einmal zu speckig. Aber das ist nichts Außergewöhnliches und erst recht keine Katastrophe. Ein alter Bäcker tat in diesem Zusammenhang den Ausspruch „Brot ist Leben". Falls es also nicht sofort klappt, verzagen Sie nicht und probieren Sie es noch einmal. Und achten Sie dabei einfach darauf, folgende Fehler zu vermeiden:

Achten Sie darauf, dass das Backrohr die richtige Temperatur hat, damit das Brot gut aufgeht.

Wenn das Brot nicht gut aufgeht:

- ◆ Das Dampferl wurde zu heiß angerührt.
- ◆ Der Sauerteig war nicht mehr frisch, er war schon zu lange gelagert.
- ◆ Im Sommer kann Sauerteig auch verderben, wenn er nicht kühl gelagert wird.
- ◆ Der Teig war zu fest, es wurde zu wenig Flüssigkeit genommen.

Wenn das Brot nicht locker wird:

- ◆ Der Teig wurde zu wenig geknetet.
- ◆ Die Flüssigkeit bei der Teigzubereitung (sie sollte ca. 36–38 °C haben) war zu kalt.
- ◆ Es wurden zu viele Teigverbesserungsmittel wie Fett oder Eier dazugegeben.

Eine Teigknetmaschine hilft, damit dass Brot schön locker wird.

Wenn das Brot zu trocken wird:

- ◆ Es wurde zu viel Germ genommen.
- ◆ Der Teig war zu fest.
- ◆ Das Brot wurde zu lange gebacken.

Wenn das Brot zu speckig wird:

- ◆ Der Teig wurde zu wenig geknetet.
- ◆ Der Teig ist beim zweiten Mal zu stark aufgegangen.
- ◆ Das Brot wurde in ein überheiztes Backrohr gegeben, wo sich sofort eine harte Kruste bildet.

Beim Brot links wurde ein Fehler gemacht. Es sieht sehr speckig aus.

Brot mit Sauerteig

〜

Schwarzbrot
Rezept siehe Seite 42

Cillis Bauernbrot

Für das Dampferl:
300 g Sauerteig
20 g Germ
400 g Roggenmehl
600 ml warmes Wasser

Für den Brotteig:
2 kg Roggenmehl
1 kg Weizenmehl
70 g Salz
50 g Brotgewürz
ca. 1,7 l warmes Wasser
20 g Germ

Zuerst das Dampferl zubereiten: Sauerteig, Germ, Wasser und Mehl mit dem Schneebesen gut verrühren und über Nacht zugedeckt auf einen warmen Platz stellen.

Am nächsten Tag die Zutaten mit dem Dampferl zu einem Teig verrühren und ca. 15 Minuten kneten (mit der Küchenmaschine oder mit der Hand). Dann ca. 1 Stunde gehen lassen, bis sich das Volumen verdoppelt hat.
Dann den Teig auf einem Brett gut durchkneten, 4 Laibe formen, in Brotkörbe geben und zugedeckt nochmals gehen lassen. Der Teig sollte an der Oberfläche Risse bekommen. Dann in den vorgeheizten Backofen schieben und backen.

> *Dieses Brot bleibt sehr saftig und ist besonders zum Frühstück oder zur Jause empfehlenswert.*

Backtemperatur und Backzeit: Ober- und Unterhitze bis ca. 210 °C vorheizen, Brot ins Backrohr geben und nach ca. 30 Minuten zurückschalten auf 180 °C, dann noch ca. 45 Minuten fertig backen.
Beim Brotbackofen: Oberhitze auf 260 °C vorheizen, Unterhitze auf 230 °C vorheizen. Wenn die Temperatur erreicht ist, die Unterhitze zurückschalten auf 140 °C. Dann erst das Brot in den Ofen geben. Nach ca. 20 Minuten, wenn das Brot eine schöne Farbe hat, den Ofen ganz ausschalten. Das Brot noch ca. 75 Minuten im ausgeschalteten Ofen fertig backen.

Cillis Vollkornbrot mit Sauerteig

Für das Dampferl:
300 g Sauerteig
20 g Germ
400 g Roggenmehl
600 ml Wasser

Für den Brotteig:
1 kg Dinkelvollmehl
500 g Roggenvollmehl
500 g Weizenvollmehl
500 g Weizenmehl
500 g Roggenmehl
70 g Salz
50 g Brotgewürz
ca. 1,8 l Wasser
300 g Leinsamen und
Sonnenblumenkerne
(über Nacht einweichen)
20 g Germ

Zuerst das Dampferl zubereiten: Sauerteig, Germ, Wasser und Mehl mit dem Schneebesen gut verrühren und über Nacht zugedeckt auf einen warmen Platz stellen.

Am nächsten Tag die Zutaten mit dem Dampferl zu einem Teig verrühren und ca. 15 Minuten kneten (mit der Küchenmaschine oder mit der Hand). Dann ca. 1 Stunde gehen lassen, bis sich das Volumen verdoppelt hat.

Dann den Teig auf einem Brett gut durchkneten, 4 Laibe formen, in Brotkörbe geben und zugedeckt nochmals gehen lassen. Der Teig sollte an der Oberfläche Risse bekommen. Dann in den vorgeheizten Backofen schieben und backen.

Backtemperatur und Backzeit: Ober- und Unterhitze bis ca. 210 °C vorheizen, Brot ins Backrohr geben und nach ca. 30 Minuten zurückschalten auf 180 °C, dann noch ca. 45 Minuten fertig backen.
Beim Brotbackofen: Oberhitze auf 260 °C vorheizen, Unterhitze auf 230 °C vorheizen. Wenn die Temperatur erreicht ist, die Unterhitze zurückschalten auf 140 °C. Dann erst das Brot in den Ofen geben. Nach ca. 20 Minuten, wenn das Brot eine schöne Farbe hat, den Ofen ganz ausschalten. Das Brot noch ca. 75 Minuten im ausgeschalteten Ofen fertig backen.

Vollkornbrot
mit Kürbiskernen

Für das Dampferl:
150 g Sauerteig
250 g Mehl
250 ml lauwarmes Wasser
40 g Germ

Für den Brotteig:
500 g Roggenvollmehl
500 g Weizenvollmehl
500 g Weizenmehl
100 g Kürbiskerne
(grob gemahlen)
2 EL Salz
je 1 EL Kümmel, Anis,
Fenchel und Koriander
ca. 1 l lauwarmes Wasser

Zum Bestreuen:
Kürbiskerne

Sauerteig anrühren (Dampferl): Sauerteig und Mehl in lauwarmem Wasser verrühren und über Nacht zugedeckt stehen lassen.
Am nächsten Tag alle Zutaten zu einem Teig verkneten und ca. 30 Minuten gehen lassen. Der Teig sollte eher weich sein.
3 Kastenformen einfetten und bemehlen, den Teig einfüllen, mit Kürbiskernen bestreuen und nochmals gehen lassen.

Backtemperatur und Backzeit: Auf 220 °C vorheizen und das Brot ca. 20 Minuten backen. Backrohr auf 180 °C zurückschalten, wenn das Brot eine schöne Rinde hat. In den letzten 15 Minuten das Brot aus den Formen herausgeben und fertig backen.
Backzeit ca. 75 Minuten.

»Vollkornbrot mit Kürbiskernen schmeckt sehr gut zu Salaten und Aufstrichen.«

Dinkelvollkornbrot

Für das Dampferl:
200 g Sauerteig
500 g Dinkelmehl
500 ml lauwarmes Wasser
20 g Germ

Für den Brotteig:
1,5 kg Dinkelvollmehl
30 g Salz
2 EL Fenchel
1 EL Kümmel
1 EL Koriander
1/2 EL Anis
50 g Leinsamen
ca. 1 l Wasser

Sauerteig, Mehl, Germ und Wasser am Vortag anrühren.
Am nächsten Tag alle Zutaten zu einem Teig kneten. Den Teig ca. 1 Stunde gehen lassen. Der Teig sollte nicht zu fest sein. Danach diesen in ca. 4 Kastenformen geben, die vorher mit Fett oder Butter bestrichen wurden. Nochmals 30–45 Minuten gehen lassen, mit Wasser bepinseln und ins vorgeheizte Backrohr geben.

Backtemperatur und Backzeit: Vorheizen auf 210 °C, ca. 20 Minuten backen, dann auf 180 °C zurückschalten und ca. 45 Minuten fertig backen.

Sauerteig-Kastenbrot

Für das Dampferl:
200 g Sauerteig
500 g Roggenvollmehl
500 ml Wasser
20 g Germ

Für den Brotteig:
1 kg Dinkelmehl
(fein gemahlen)
2 TL Salz
500 ml Wasser
2 EL Brotgewürz
ev. 1 Tasse Sonnen-
blumenkerne und
Leinsamen

Zum Bestreuen:
Sonnenblumenkerne
oder Leinsamen

Alle Zutaten für das Dampferl zusammen-
rühren und über Nacht stehen lassen.
Am nächsten Tag Mehl, Salz, Gewürz und Wasser
hinzugeben und alles ca. 10 Minuten mit der
Küchenmaschine oder auch mit der Hand
kräftig kneten.
Sie können auch eine Tasse Sonnenblumenkerne und Leinsamen, die Sie aber am Vortag
einweichen sollten, dazugeben.
Den Teig bei Zimmertemperatur 1 Stunde
gehen lassen. Dann in befettete und bemehlte
Kastenformen geben und zugedeckt an einem
warmen Ort aufgehen lassen, mit Körndln
bestreuen und backen. Der Teig
sollte ziemlich weich sein!

Backtemperatur und Backzeit: Auf 220 °C
vorheizen, 20 Minuten backen, zurückschalten auf 180 °C und noch ca. 45 Minuten fertig
backen.
Bei Heißluft: Rohr vorheizen auf 180 °C,
nach 20 Minuten bei 160 °C fertig backen.

*»Nach dem Auskühlen einen Teil des
Brotes in Scheiben schneiden und einfrieren.
So können Sie es einzeln auftauen, wenn
Sie nicht so viel Brot auf einmal brauchen.«*

Schnelles Sauerteigbrot

200 g Roggenvollmehl
200 g Weizenvollmehl
200 g Dinkelmehl
30 g Germ
400 ml lauwarmes Wasser
150 g Sauerteig
1/2 EL Salz
1 EL Brotgewürz (gemahlen)
je 1 EL Kümmel und Fenchel
100 g Sesam

Zum Bestreuen:
Kümmel und Fenchel

Sauerteig im warmen Wasser mit dem Germ anrühren und ca. 30 Minuten gehen lassen. Dann mit allen trockenen Zutaten zu einem Teig anrühren und 1 Stunde gehen lassen.

Einen Laib oder Wecken formen, in ein mit einem Tuch ausgelegtes und mit etwas Mehl bestaubtes Brotkörbchen geben und wieder ca. 30 Minuten gehen lassen.

Dann den Laib oder Wecken auf ein befettetes oder mit Backpapier ausgelegtes Blech stürzen, mit Wasser bestreichen, mit Kümmel und Fenchel bestreuen und backen.

Backtemperatur und Backzeit: Auf 220 °C vorheizen, 20 Minuten backen. Dann die Temperatur auf 180 °C zurückschalten und 45 Minuten fertig backen.

Selbst gebackenes Brot ist stets ein willkommenes Mitbringsel, wo auch immer Sie eingeladen werden.

Bauernvollkornbrot

Für das Dampferl:
150 g Sauerteig
500 ml lauwarmes Wasser
400 g Roggenmehl
20 g Germ

Für den Brotteig:
600 g Roggenvollmehl
250 g Weizenvollmehl
400 g Dinkelvollmehl
3 TL Salz
3 EL Brotgewürz
1 TL Kümmel
ca. 650 ml lauwarmes
Wasser

Am Vortag Sauerteig, Wasser, Mehl und Germ zu einem dicken Brei verrühren und zugedeckt an einem warmen Ort über Nacht stehen lassen.

Am nächsten Tag alle anderen Zutaten mit dem Sauerteig verrühren und ca. 15 Minuten kräftig kneten. Mit Mehl bestäuben und an einem warmen Ort ca. 90 Minuten gehen lassen. Danach den Teig auf einer Arbeitsfläche, die mit Mehl bestäubt wurde, gut durchkneten. Zwei Laibe formen, diese in zwei Brotkörbchen, die mit einem Tuch ausgelegt und bemehlt wurden, geben. Dann zugedeckt nochmals gehen lassen. Zeigen sich nach ca. 1 Stunde auf der Oberfläche kleine Risse, ist es Zeit, den Brotteig in den Ofen zu geben.
Brotteig auf ein befettetes Backblech legen, schnell mit Wasser bestreichen und mit Brotgewürz bestreuen. Mit einer Gabel die Oberfläche einige Male einstechen oder in der Teigmitte ein Kreuz 1 cm tief einschneiden.

Backtemperatur und Backzeit: Auf 220 °C vorheizen und Brot 20 Minuten backen, dann auf 180 °C zurückschalten und noch ca. 1 Stunde fertig backen.

Roggenschrotbrot
mit Kürbiskernen

Für das Dampferl:
200 g Sauerteig
250 g Roggenmehl
200 ml lauwarmes Wasser
20 g Germ

Für den Brotteig:
750 g Roggenschrot (grob
gemahlenes Roggenmehl)
1 EL Honig
1 EL Vollmeersalz
1 EL Kümmel
150 g Kürbiskerne
(grob gemahlen)
je nach persönlichem
Geschmack auch
etwas Brotgewürz
ca. 200 ml lauwarmes
Wasser

Zuerst Zutaten für das Dampferl verrühren
und ca. 2 Stunden gehen lassen.
Dann das Dampferl zu den übrigen Zutaten
geben und gut kneten. Teig zugedeckt gehen
lassen, bis sich das Volumen verdoppelt hat
(ca. 1 Stunde).
2 Wecken formen, auf ein Blech legen, nochmals gehen lassen, mit Wasser bestreichen und
backen.

Backtemperatur und Backzeit: Auf 200 °C
vorheizen, ca. 15 Minuten backen, auf 180 °C
zurückschalten und noch 1 Stunde fertig
backen.
Nach dem Backen das Brot mit heißem Wasser
bestreichen und noch 5 bis 10 Minuten im
ausgeschalteten Backrohr belassen.

Walnussbrot

Für das Dampferl:
150 g Sauerteig
100 g Roggenmehl
200 ml lauwarmes Wasser
20 g Germ

Für den Brotteig:
200 g Dinkelvollmehl
100 g Dinkelmehl
100 g Roggenmehl
1 TL Salz
1 TL Honig
250 ml gewässerte Milch
150 g grob gehackte
Walnüsse

Zum Bestreuen:
grob gehackte Walnüsse

Das Dampferl zubereiten, 1 Stunde gehen lassen und mit den anderen Zutaten vermengen. Gut durchkneten.
Zugedeckt 45 Minuten gehen lassen, in eine befettete und mit Mehl bestaubte Kastenform geben und weitere 30 bis 40 Minuten gehen lassen.
Mit Wasser bestreichen, Nüsse darüber streuen und backen.

Backtemperatur und Backzeit: Auf 200 °C vorheizen, ca. 30 Minuten backen. Dann auf 180 °C zurückschalten und nochmals ca. 30 Minuten fertig backen.

» Schneiden Sie das Walnussbrot erst nach ca. 5–6 Stunden an. «

Saftiges Landbrot

Für das Dampferl:
200 g Sauerteig
40 g Germ
200 g Roggenmehl
500 ml Wasser

Für den Brotteig:
800 g Roggenmehl
350 g Weizenmehl
350 g Dinkelmehl
500 ml Buttermilch
1 1/2 EL Salz
2 EL Brotgewürz
je 1 EL Anis, Fenchel, Kümmel
und Koriander (ganz)

Zum Bestreuen:
Anis, Fenchel, Kümmel,
Koriander

Sauerteig mit Wasser, Germ und Mehl anrühren und 1 Stunde gehen lassen. Dann mit den übrigen Zutaten einen Teig kneten und wieder 1 Stunde gehen lassen. Den Teig in 3 Laibe oder Wecken formen, die man in mit Tüchern ausgelegte Brotkörbchen legt und nochmals 1 Stunde gehen lässt. Dann auf ein befettetes Backblech stürzen, mit Wasser bestreichen, mit einer Gabel mehrmals einstechen, mit Gewürzen bestreuen und backen.

Backtemperatur und Backzeit: Im vorgeheizten Rohr bei 220 °C 30 Minuten backen, zurückschalten auf 180 °C und noch ca. 45 Minuten fertig backen.
Das Brot ist fertig, wenn es beim Klopfen an der Unterseite hohl klingt.

» Dieses Brot ist besonders würzig, beispielsweise zu einer richtigen Innviertler Brettljause. «

Schwarzbrot

Für das Dampferl:
200 g Sauerteig
200 g Weizenmehl
20 g Germ
ca. 250 ml Wasser

Für den Brotteig:
1,25 kg Roggenmehl
2 EL Sesam
1 EL Salz
2 EL Brotgewürz
ca. 600 ml Wasser

Am Vorabend den Sauerteig mit Wasser, Mehl und Germ anrühren und zugedeckt an einem warmen Ort über Nacht stehen lassen. *Am nächsten Tag* alle Zutaten zu einem Teig kneten, den man wieder rund 1 Stunde gehen lässt.

Aus dem Brotteig formt man entweder 2 Laibe oder 2 Wecken. Diese in mit Tüchern ausgelegte Brotkörbchen geben und nochmals gehen lassen, bis der Teig kleine Risse bekommt.

Backtemperatur und Backzeit: Auf 220 °C vorheizen. Wenn das Brot Farbe hat, zurückschalten auf 180 °C und fertig backen. Backzeit ca. 75 Minuten.

> *Dieses Brot passt hervorragend zu einem pikanten Wurstsalat.*

Hausbrot mit Buttermilch

Für das Dampferl:
500 g Sauerteig
40 g Germ
500 g Roggenmehl
500 ml Wasser

Für den Brotteig:
1,5 kg Weizenmehl
1,75 kg Roggenmehl
80 g Salz
40 g Brotgewürz
3 EL Rapsöl
ca. 800 ml lauwarmes
Wasser
1 l Buttermilch

Aus Roggenmehl, Germ, Sauerteig und
Wasser ein Dampferl machen. Über Nacht
an einem warmen Ort stehen lassen.
Am nächsten Tag alle Zutaten zu einem Teig
kneten. Es soll ein mittelfester Teig entstehen.
Zugedeckt gehen lassen, bis sich das Teigvolumen verdoppelt hat. Dann nochmals
durchkneten. Den Teig in 4 – 5 Laibe oder
Wecken formen und in mit Tüchern ausgelegte
Formen oder Brotkörbchen geben. Nun so
lange gehen lassen, bis sich an der Oberfläche
Risse bilden. In einem warmen Raum dauert
das ca. 1 Stunde.
Dann den Teig auf ein mit Backpapier ausgelegtes Backpapier stürzen, mit Wasser
bepinseln und einige Male mit einer Nadel
oder Gabel hineinstechen.

Backtemperatur und Backzeit: Vorheizen
auf 220 °C. Brot in den Ofen schieben. Wenn das
Brot goldbraun ist, Backrohr auf 180 °C zurück-
schalten. In den letzten 15 Minuten der Backzeit
das Backrohr ganz ausschalten.
Backzeit für die Laibe ca. 90 Minuten, für die
Wecken ca. 60 bis 75 Minuten (kommt auf die
Größe an: je größer, desto länger backen!).

Roggen-Leinsamen-Brot

Für das Dampferl:
100 g Roggenmehl
150 g Sauerteig
30 g Germ
100 ml lauwarmes Wasser

Für den Brotteig:
700 g Roggenmehl
200 g Dinkelmehl
100 g Leinsamen
1 EL Salz
1 EL Brotgewürz
ca. 500 ml lauwarmes
Wasser

Zum Bestreuen:
Leinsamen

Die Zutaten für das Dampferl am Vorabend anrühren und über Nacht stehen lassen. *Am nächsten Morgen* das Dampferl mit den anderen Zutaten zu einem Teig kneten (ca. 10 Minuten mit der Küchenmaschine oder mit der Hand). Diesen dann an einem warmen Platz zugedeckt ca. 1 Stunde gehen lassen. Nach dem Aufgehen den Teig nochmals durchkneten, 2 Wecken formen, auf ein befettetes oder mit Backpapier ausgelegtes Backblech legen und nochmals gehen lassen. Der Teig soll kleine Risse bekommen.
Dann mit Wasser bestreichen, mit Leinsamen bestreuen und backen.

Backtemperatur und Backzeit: Auf 220 °C vorheizen und 20 Minuten backen. Zurückschalten auf 190 °C und noch ca. 50 Minuten fertig backen.

Dieses Brot schmeckt besonders gut zu Speck und Käse.

Brot ohne Sauerteig

Buttermilchbrot mit Sesam
Rezept siehe Seite 58

Vollkornbrot ohne Sauerteig

500 g Dinkelvollmehl
100 g Roggenvollmehl
100 g Roggenmehl
150 g Weizenmehl
150 g Körndln (Leinsamen
und Sonnenblumenkerne)
700 ml Wasser
2 EL Brotgewürz
1 EL Salz
40 g Germ

Mehl, Körndln, Brotgewürz und Salz in
die Rührschüssel geben, Germ in warmem
Wasser auflösen und dazugeben. Gut kneten.
Ca. 10 Minuten zugedeckt gehen lassen.
Der Teig ist dann etwas weicher.
Teig in 2 gebutterte und bemehlte Kasten-
formen geben. Zugedeckt nochmals an einem
warmen Platz aufgehen lassen.

Backtemperatur und Backzeit: Backrohr
auf 220 °C vorheizen. Das Brot hineinschieben.
Nach ca. 15 Minuten die Temperatur auf 180 °C
zurückschalten und ca. 1 Stunde backen.

*» Dieses Vollkornbrot ergibt mit
Kräutertopfen und Paprika oder
Tomaten ein gesundes Abendessen. «*

Sonnenblumenbrot I

300 g Dinkelvollmehl
200 g Dinkelweißmehl
500 g Roggenmehl
(stattdessen können auch
250 g Roggenmehl und
250 g Roggenvollmehl
genommen werden)
40 g Germ
600 ml lauwarmes Wasser
200 g Sonnenblumenkerne
2 EL Anis
1 EL Kümmel
3 EL Sonnenblumenöl
2 TL Salz

250 ml lauwarmes Wasser von den Zutaten nehmen, mit Germ anrühren und ca. 10 Minuten gehen lassen. Dann die anderen Zutaten mit dem aufgelösten Germ zu einem Teig kneten.

Zugedeckt bei normaler Zimmertemperatur ca. 50 Minuten gehen lassen. Das Teigvolumen soll sich verdoppeln.

Den Teig auf ein Brett geben, gut durchkneten und 2 Laibe oder Wecken formen. Auf ein mit Backpapier ausgelegtes oder befettetes Blech geben und nochmals gehen lassen (ca. 30 Minuten lang).

Vor dem Backen mit Wasser bepinseln und ins vorgeheizte Rohr schieben.

Backtemperatur und Backzeit: Auf 200 °C vorheizen. Bei dieser Temperatur das Brot ca. 30 Minuten backen. Dann auf 180 °C zurückschalten und fertig backen (nochmals ca. 30 Minuten lang).

Feines Müslibrot

600 g Weizenvollmehl
650 g Dinkelmehl
200 g Hasel- oder Walnüsse
(grob gemahlen)
150 g Rosinen
60 g Germ
20 g Salz
1 TL Zimt
ca. 500 ml Wasser
250 ml Milch
50 g zerlassene Butter

250 ml lauwarmes Wasser von den Zutaten nehmen, mit Germ anrühren und gehen lassen. In eine Rührschüssel alle Zutaten mit dem Germ zu einem Teig kneten (ca. 10 Minuten mit der Küchenmaschine oder mit der Hand). Den Teig zugedeckt ca. 30 Minuten gehen lassen. Nachher nochmals gut durchkneten und nach Wunsch entweder 2 Laibe oder 2 Wecken formen. Diese auf ein befettetes Blech legen und nochmals zugedeckt ca. 5 Minuten gehen lassen.

Backtemperatur und Backzeit: Das Brot wird auf der untersten Schiene bei ca. 220 °C gebacken. Nach 20 Minuten auf 180 °C zurückschalten und fertig backen.
Backzeit ca. 75 Minuten.

> *Dieses Brot schmeckt besonders gut zum Frühstück mit Butter und Honig.*

Dinkelbrot mit Honig

250 g Dinkelvollmehl
250 g Dinkelweißmehl
30 g Germ
2 TL Salz
2 EL Brotgewürz
4 EL Leinsamen
4 EL Sesam
300 ml warmes Wasser
1 EL Honig

Germ und Honig in warmem Wasser auflösen und mit den trockenen Zutaten vermischen. Mit der Küchenmaschine oder mit der Hand gut durchkneten. Ca. 30 Minuten gehen lassen, dann in eine mit Speiseöl ausgepinselte Kastenform füllen und nochmals ca. 30 Minuten gehen lassen.

Backtemperatur und Backzeit: Bei ca. 200 °C Ober- und Unterhitze 1 Stunde lang backen. Bei Heißluft: Bei ca. 180 °C ebenfalls 1 Stunde backen.

Buttermilchbrot mit Sesam

250 g Dinkelvollmehl
250 g Dinkelweißmehl
3 EL Sesam
30 g Germ
1 EL Vollrohrzucker
250 ml Buttermilch
10 g Salz
1 EL Koriander ((geschrotet)
125 ml Wasser

Zum Bestreichen:
Buttermilch

Zum Bestreuen:
Sesam

Germ und Zucker mit dem lauwarmen Wasser gut verrühren und zugedeckt gehen lassen (Dampferl).
Alle anderen Zutaten mit dem Dampferl gut verrühren und so lange kneten, bis der Teig geschmeidig ist. Den Teig an einem warmen Ort gehen lassen, nochmals durchkneten und zu einem runden Laib formen. Das Brot auf ein befettetes Backblech legen und nochmals gehen lassen. Mit Buttermilch bestreichen, Sesam darüber streuen und ins Backrohr geben.

Backtemperatur und Backzeit: Auf 210 °C vorheizen und bei dieser Hitze 20 Minuten backen, dann zurückschalten auf 180 °C und nochmals ca. 50 Minuten backen.
Bei Heißluft: Zuerst eine halbe Stunde bei 180 °C backen und dann bei 160 °C 40 Minuten fertig backen.

Kräuter-Fladenbrot

350 g Dinkelmehl
150 g Roggenvollmehl
ca. 300 ml lauwarmes
Wasser
40 g Germ
100 g Sonnenblumenkerne
1 TL Salz
1 TL Rosmarin
1 TL Basilikum
1 TL Oregano
1 EL Sonnenblumenöl

Germ in ca. 100 ml lauwarmem Wasser auflösen und ca. 10 Minuten zugedeckt gehen lassen.

Dann mit allen anderen Zutaten zu einem Teig kneten. Den Teig zugedeckt an einem warmen Platz so lange gehen lassen, bis sich das Volumen verdoppelt hat.

Anschließend den Teig auf ein Brett geben, gut durchkneten und in 8 Teile teilen. Diese zu je einer Kugel formen und dann zu dünnen Fladen auswalken. Die Fladen auf ein befettetes oder mit Backpapier ausgelegtes Blech geben und backen.

Backtemperatur und Backzeit: Auf 220 °C vorheizen und insgesamt ca. 20 Minuten backen. Nach ca. 10 Minuten die Fladen mit einer Backschaufel umdrehen und weitere 10 Minuten backen. Dann noch warm mit etwas Kräuterbutter bestreichen.

» Diese Fladen sind eine hervorragende Begleitung zu Bier oder auch Wein. «

Vollkornbrot mit Walnüssen

500 g Weizenvollkorn
200 g Haferflocken
300 g feines Dinkelmehl
1 1/2 EL Salz
1 EL Zucker
40 g Germ
800 ml lauwarmes Wasser
je 4 EL Sesam und
Leinsamen
100 g grob geriebene
Walnüsse
1 EL geschrotetes
Brotgewürz

Zum Ausstreuen:
Sesam und Leinsamen

Von den Zutaten ca. 250 ml warmes Wasser nehmen und darin den Germ auflösen. Dann mit den anderen Zutaten zu einem Teig verrühren. Der Teig wird ziemlich weich! 30 Minuten gehen lassen. Dann in zwei befettete und mit Körndln ausgestreute Kastenformen einfüllen. Nochmals eine halbe Stunde gehen lassen und ins Backrohr geben.

Backtemperatur und Backzeit: Auf ca. 210 °C vorheizen und das Brot bei dieser Hitze 30 Minuten backen. Dann auf 180 °C zurückschalten und nochmals ca. 45 Minuten fertig backen.

» Schneiden Sie dieses Brot nicht zu früh an, weil sich das Aroma der Nüsse erst nach ca. 6–8 Stunden richtig entfaltet. Es passt sehr gut zu allen Käsesorten. Außerdem eignet es sich optimal zum Einfrieren. «

Zehn-Minuten-Brot

500 g 10-Korn-Mehl
100 g Dinkelmehl
2 EL Brotgewürz (geschrotet)
1 TL Salz
30 g Germ
1 TL Zucker
400 ml gewässerte Milch

Germ und Zucker in der lauwarmen
Flüssigkeit auflösen und zu den anderen
Zutaten geben.
Mit dem Knethaken die Masse 2 Minuten
durchkneten.
Kastenform ausfetten, Teig einfüllen und
ins kalte Rohr geben.

Backtemperatur und Backzeit: Bei 220 °C
ca. 70 Minuten backen.
Erst am nächsten Tag anschneiden.

》Dieses Brot ist besonders rasch zubereitet,
da der Teig keine Zeit zum Aufgehen braucht.《

Gesundheitsbrot

500 g Weizenvollmehl
500 g Dinkelvollmehl
500 g Roggenmehl
40 g Germ
1 1/2 EL Meersalz
3 EL Brotgewürz
(grob geschrotet)
1 EL Kümmel
100 g Kürbiskerne oder
Sonnenblumenkerne
500 ml Buttermilch
ca. 500 ml Wasser

Zum Bestreuen:
Kürbis- oder
Sonnenblumenkerne

Von den Zutaten 100 ml lauwarmes Wasser
nehmen und darin den Germ auflösen. 5 Minuten gehen lassen. Mit allen anderen Zutaten
einen Teig bereiten und mit den Knethaken gut
durchkneten. 1 Stunde gehen lassen.
3 Wecken formen und auf ein befettetes Blech
legen. Nochmals gehen lassen, mit Wasser
bestreichen, Körndln draufstreuen, ins vorgeheizte Backrohr schieben und backen.

Backtemperatur und Backzeit: Auf 220 °C
vorheizen. Brot 20 Minuten backen. Zurückschalten auf 180°C und noch ca. 50 Minuten
fertig backen.
Bei Heißluft: Um ca. 20 °C niedrigere Temperatur, selbe Backzeit!

> *Das Gesundheitsbrot, mit Käse
> belegt, und ein Glas Milch dazu –
> eine nahrhafte Jause für den
> kleinen Hunger zwischendurch.*

Sonnenblumenbrot II

200 g Dinkelvollmehl
200 g Dinkelmehl
200 g Roggenmehl
30 g Germ
1 TL Salz
1 EL Essig
1 TL Koriander
100 g Sonneblumenkerne
ca. 400 ml gewässerte
Milch (1:1)

Zum Bestreuen:
Sonnenblumenkerne

Von den Zutaten 100 ml gewässerte Milch
nehmen, darin den Germ auflösen und in die
übrigen Zutaten mischen. Gut durchkneten
und ca. 30 Minuten gehen lassen. Nachher zu
einem Laib formen, auf ein befettetes Blech
legen und nochmals 30 Minuten gehen lassen.
Mit der Gabel einige Male hineinstechen und
mit Wasser bestreichen, mit Sonnenblumenkernen bestreuen und backen.

Backtemperatur und Backzeit: Bei ca. 220 °C
im vorgeheizten Rohr ca. 20 Minuten backen.
Dann auf 180 °C zurückschalten und ca.
45 Minuten fertig backen.

*Dieses Brot schmeckt hervorragend
zu verschiedenen Topfenaufstrichen,
z.B. Liptauer.*

Weißbrot (Semmelwecken)

1 kg Weizenmehl
1 kg Dinkelmehl
60 g Germ
2 EL Salz
1 EL Anis
1,2 l Wasser oder
gewässerte Milch
1 EL Zucker

Von den Zutaten ca. 250 ml warmes Wasser nehmen, mit Germ und 1 Esslöffel Zucker anrühren und ca. 10 Minuten gehen lassen. Nachher alles zu einem Teig kneten (mit der Küchenmaschine ca. 10 Minuten) und gehen lassen, bis sich das Volumen verdoppelt hat. Dann 4 schmale Wecken formen und auf ein befettetes Blech legen. Den Teig nochmals ca. 15 Minuten gehen lassen. Dann die Wecken auf der Oberfläche ein paar Mal quer einschneiden, mit Wasser bepinseln und ins Backrohr geben.

Backtemperatur und Backzeit: Das Backrohr vorheizen auf ca. 200 °C und das Brot ca. 35 bis 40 Minuten backen. Es sollte nicht zu dunkel werden.

» Möglichst frisch genießen, optimal zum Frühstück! «

Buttermilch-Bauernbrot

300 g Weizenvollmehl
300 g Weizenmehl weiß
300 g Dinkelvollmehl
300 g Dinkelweißmehl
500 ml Buttermilch
60 g Germ
4 TL Meersalz
ca. 250 ml lauwarmes
Wasser
1 EL Brotgewürz

Zum Bestreuen:
ev. Brotgewürz

Germ im lauwarmen Wasser auflösen und
10 Minuten gehen lassen.
Mehl, Buttermilch, Salz, Brotgewürz und die
in Wasser aufgelöste Hefe zu einem Teig kneten
und gehen lassen, bis sich das Volumen verdoppelt hat.
Auf eine Arbeitsplatte geben und kräftig
durchkneten.
Aus dem Teig 2 Laibe oder 2 Wecken formen
und in mit Tüchern ausgelegte und mit Mehl
bestreute Brotkörbchen geben.
Nochmals warm stellen und ca. 30 Minuten
gehen lassen.
Blech mit einem Backpapier belegen und Brotteig auf das Blech stürzen.
Die Oberseite mit einem Messer einschneiden,
mit Wasser bestreichen und eventuell mit
etwas Brotgewürz bestreuen. Dann ins Backrohr geben und backen.

Backtemperatur und Backzeit: Auf 220 °C
vorheizen, ca. 15 Minuten backen, auf 180 °C
zurückschalten und 45 Minuten fertig backen.

>> *Zum Buttermilch-Bauernbrot passt
sehr gut ein „Erdäpfelkas".* «

Buttermilchbrot mit Topfen

250 g Dinkelvollmehl
250 g Dinkelmehl
500 g Roggenmehl
500 g Weizenmehl
125 g Topfen
500 ml Buttermilch
50 g zerlassene Butter
1 EL Salz
2 EL Brotgewürz
1 TL Kümmel
60 g Germ
Wasser je nach Bedarf
(ca. 400 ml)

Germ in 125 ml lauwarmem Wasser (von den Zutaten) auflösen und mit den anderen Zutaten einen Teig kneten. Den Teig ca. 1 Stunde gehen lassen, dabei sollte sich das Volumen verdoppeln.
2 Wecken formen, auf ein befettetes oder mit Backpapier ausgelegtes Backblech legen. Gehen lassen, bis sich beim Teig kleine Risse bilden. Dann die Wecken mehrmals schräg einschneiden, mit Wasser anstreichen und backen.

Backtemperatur und Backzeit: Vorheizen auf 210 °C, ca. 20 Minuten backen, dann auf 180 °C zurückschalten und ca. 50 Minuten fertig backen.

Eine Scheibe Buttermilchbrot und ein Glas Milch ergeben eine besonders gesunde Vormittagsjause.

Vollkornbrot mit Haferflocken

200 g Haferflocken
100 g Hirseflocken
300 g Dinkelmehl
40 g Germ
1 TL Zucker
250 ml Buttermilch
ca. 150 ml lauwarmes
Wasser
125 g Magertopfen
3 EL Sesam

Zum Bestreuen:
Haferflocken

Das lauwarme Wasser, Germ und Zucker
anrühren und ca. 10 Minuten gehen lassen.
Dann mit den anderen Zutaten einen Teig
kneten. Der Teig sollte nicht zu fest sein!
Den Teig ca. 40 Minuten gehen lassen und
in eine Kastenform füllen. Nochmals
ca. 30 Minuten gehen lassen.
Mit einer Gabel mehrmals einstechen,
mit Wasser bestreichen, mit Haferflocken
bestreuen und backen.

Backtemperatur und Backzeit: Auf 200 °C
vorheizen, 30 Minuten backen, dann auf
180 °C zurückschalten und ca. 40 Minuten
fertig backen. Die letzten 10 Minuten das Brot
bereits aus der Form geben.

Bierbrot

400 g Dinkelmehl
200 g Weizenmehl
200 g Roggenmehl
500 ml Bier
2 EL Honig
1 1/2 TL Salz
60 g Germ
4 EL Wasser

Zum Bestreuen:
Salz und Kümmel

Germ im Wasser auflösen, mit allen anderen Zutaten gut verkneten und 4 Stunden lang im Kühlschrank rasten lassen.
2 schmale Wecken formen, auf eine befettetes oder mit Backpapier ausgelegtes Backblech geben und nochmals mit einem Tuch zugedeckt ca. 30 Minuten gehen lassen. Den Teig mehrmals schräg einschneiden, mit Wasser bepinseln, mit Salz und Kümmel bestreuen und backen.

Backtemperatur und Backzeit: Auf 190 °C vorheizen und dann ca. 50 Minuten backen.

Dieses Brot schmeckt besonders gut zu Käse und Bier.

Dinkel-Buchweizen-Brot

200 g Dinkelvollkornbrot
200 g Dinkelmehl
100 g Buchweizen
(fein gemahlen)
2 TL Salz
2 bis 3 EL Obstessig
30 g Germ
ca. 300 ml warmes Wasser
je 50 g Leinsamen, Sesam
und Sonnenblumenkerne
(ganz)

Zum Bestreuen:
Leinsamen, Sesam oder
Sonnenblumenkerne

Germ in ca. 100 ml lauwarmem Wasser (das man von den Zutaten nimmt) auflösen und mit den anderen Zutaten einen Teig kneten. Den Teig zugedeckt ca. 30 Minuten gehen lassen. Dann in eine Kastenform füllen, nochmals 30 Minuten gehen lassen, mit Leinsamen, Sesam oder Sonnenblumenkernen bestreuen und backen.

Backtemperatur und Backzeit: Auf 210 °C vorheizen, 20 Minuten backen. Zurückschalten auf 180 °C und nochmals ca. 50 Minuten fertig backen.
Das Brot bereits 10 Minuten vor Ende der Backzeit aus der Kastenform geben.

Ein ebenso gesundes wie schmackhaftes Brot!

Dinkelbrot mit Sesam

450 g Dinkelschrot
450 g Dinkelmehl
(fein ausgesiebt)
300 g Roggenmehl
500 ml Buttermilch
250 ml lauwarmes Wasser
1 1/2 EL Salz
2 EL Brotgewürz
und 1/2 EL Kümmel
(grob geschrotet)
40 g Germ
50 g Sesam

125 ml lauwarmes Wasser von den Zutaten nehmen und den Germ darin auflösen. Die Buttermilch vorher etwas anwärmen und dann mit allen anderen Zutaten in der Küchenmaschine einen Teig kneten.
Der Teig sollte nicht zu weich sein, denn ansonsten fließt der Laib auseinander.
Den Teig zugedeckt ca. 30–45 Minuten gehen lassen, einen Laib formen und auf ein befettetes oder mit Backpapier ausgelegtes Blech legen. Nochmals 30 Minuten gehen lassen. Rasch mit Wasser bepinseln, mit Sesam bestreuen und backen.

Backtemperatur und Backzeit: Auf 210 °C vorheizen, 15 Minuten backen (Ober- und Unterhitze). Zurückschalten auf 180 °C und noch ca. 50 Minuten fertig backen.

Probieren Sie Dinkelbrot mit Sesam zu einer Erdäpfelsuppe oder auch zu einer Gemüsesuppe.

Dinkelbrot mit Molke

500 g Dinkelmehl
500 g Dinkelvollmehl
40 g Germ
125 ml Wasser
1 EL Salz
2 EL Brotgewürz
500 ml Molke

Zum Bestreuen:
Brotgewürz

Germ im lauwarmen Wasser auflösen und alles zu einem Teig kneten. Zugedeckt ca. 40 Minuten gehen lassen.

Dann nochmals durchkneten, 2 Wecken formen, auf ein befettetes und bemehltes Blech geben und nochmals gehen lassen. Der Teig soll kleine Risse bekommen. Dann die Wecken mit Wasser bestreichen, mit der Gabel mehrmals einstechen, mit Brotgewürz bestreuen und backen.

Backtemperatur und Backzeit: Auf 220 °C vorheizen und 30 Minuten backen. Dann auf 180 °C zurückschalten und noch ca. 30 Minuten fertig backen.

Toastbrot

200 g Dinkelvollmehl
200 g Dinkelmehl
200 g Weizenvollmehl
30 g Germ
Salz
2 EL Öl
300 ml gewässerte
Milch (lauwarm)
1 TL Zucker

100 ml gewässerte Milch von den Zutaten
mit Zucker und Germ anrühren und 10 Minuten gehen lassen.
Dann mit allen anderen Zutaten einen Teig
kneten und ca. 30 Minuten gehen lassen.
Nochmals durchkneten, in zwei befettete und
bemehlte Kastenformen geben und nochmals
ca. 30 Minuten gehen lassen.
Schließlich mit Wasser oder gewässerter Milch
bestreichen und backen.

Backtemperatur und Backzeit: Vorheizen
auf 200 °C und 40–45 Minuten lang backen.

》*Toastbrot auskühlen lassen,
aufschneiden und dann einfrieren.
Je nach Bedarf können Sie dann die
einzelnen Scheiben herausnehmen
und einen Schinken-Käse-Toast
zubereiten.*《

Topfengewürzbrot

500 g Weizenvollmehl
500 g Dinkelmehl
400 g Roggenvollmehl
60 g Germ
600 ml Wasser
2 EL Salz
500 g Magertopfen
1 EL Koriander
1 EL Kümmel
1 EL Fenchel (ganz oder
leicht geschrotet)

Zum Bestreuen:
ev. Sesam

Aus 200 ml lauwarmem Wasser von den
Zutaten, Germ und ca. 100 g Mehl ein Dampferl
zubereiten und dieses ca. 30 Minuten gehen
lassen.
Dann mit allen anderen Zutaten einen Teig
kneten. Diesen zugedeckt 1 Stunde gehen
lassen.
Nochmals durchkneten, in zwei Brotkörbchen
geben und abermals 30 Minuten gehen lassen.
Laibe auf ein befettetes Blech stürzen und
mit der Gabel einstechen.
Mit Wasser bestreichen, ev. mit Sesam
bestreuen und backen.

Backtemperatur und Backzeit: Vorheizen
auf 220 °C, ca. 20 Minuten backen, zurückschalten auf 180 °C und ca. 45 Minuten backen.
Danach das Backrohr ausschalten und das Brot
noch ca. 20 Minuten im Rohr lassen.

*Topfengewürzbrot ist ein
sehr saftiges Brot und
sollte erst gut ausgekühlt
angeschnitten werden.*

Zwiebelbaguette

350 g Weizenmehl
350 g Dinkelmehl
400 ml lauwarme Milch
50 g Topfen
2 TL Meersalz
40 g Germ
1 mittelgroße Zwiebel
20 g Butter
etwas Kräutersalz

Germ in 100 ml Milch von den Zutaten auflösen und 10 Minuten gehen lassen.
Inzwischen Zwiebel fein schneiden und in
der Butter hell anrösten. Mit Kräutersalz
würzen und auskühlen lassen.
Germ und die übrigen Zutaten zu einem
Teig kneten. Zugedeckt ca. 30 Minuten rasten
lassen. Dann die gerösteten Zwiebeln zum
Teig geben und nochmals durchkneten.
2 Baguette (dünne längliche Wecken) formen,
auf ein befettetes oder mit Backpapier ausgelegtes Blech legen und abermals ca. 30 Minuten
gehen lassen.
Die Wecken dann einschneiden, mit gewässerter Milch bestreichen und backen.

Backtemperatur und Backzeit: Auf 200 °C
vorheizen und ca. 15 Minuten backen.
Auf 180 °C zurückschalten und nochmals
ca. 15 Minuten fertig backen.

*Zwiebelbaguette schmeckt sehr
gut zu verschiedenen Eintöpfen,
z.B. zu Bohnen- oder Linseneintopf.*

Käse-Stangenbrot

250 g Weizenvollmehl
250 g Dinkelmehl fein
ca. 300 ml gewässerte Milch
50 g zerlassene Butter
2 TL Vollmeersalz
150 g Emmentaler
30 g Germ
1 TL Zucker

Zum Bestreuen:
50 g Emmentaler

Germ und Zucker in ca. 100 ml gewässerter, lauwarmer Milch auflösen und 10 Minuten gehen lassen (Dampferl).
Alle anderen Zutaten – den Käse ausgenommen – mit dem Dampferl vermischen und gut kneten. Zum Schluss den Emmentaler darunter geben und zugedeckt ca. 30–40 Minuten gehen lassen. Das Volumen sollte sich verdoppeln.
Den Teig auf ein Brett geben und gut durchkneten. Danach den Teig in 3 Teile teilen und dünne Rollen formen, auf ein befettetes oder mit Backpapier ausgelegtes Blech legen und nochmals zugedeckt an einem warmen Platz gehen lassen.
Die Wecken ca. 4- bis 5-mal schräg einschneiden. Dann mit Milch bestreichen, mit geriebenem Emmentaler bestreuen und backen.

Backtemperatur und Backzeit: Auf 220 °C vorheizen und ca. 25–30 Minuten backen.

Eignet sich hervorragend für eine Grillparty im Sommer.

Baguette

600 g Landmehl
40 g Germ
200 ml lauwarmes Wasser
1 1/2 TL Salz

Germ im lauwarmen Wasser auflösen und
mit den übrigen Zutaten einen etwas festeren
Germteig bereiten. Dann mit der Küchenmaschine ca. 15 Minuten kneten und auf einem
Arbeitsbrett sehr gut durchkneten. Der Teig
muss sehr glatt und geschmeidig sein.
Dann den Teig zugedeckt etwa 1 Stunde gehen
lassen. Das Volumen sollte sich verdoppeln.
Den Teig nochmals durchkneten, in zwei
schmale Wecken formen, aufs Backblech legen
und nochmals gehen lassen.
Dann oben schräg einschneiden, mit Wasser
bestreichen, ins Backrohr geben und backen.
Das Baguette kann auch mit 10-Korn-Mehl
gemacht werden.

Backtemperatur und Backzeit: Auf 200 °C
vorheizen und das Baguette ca. 50 Minuten
backen.
Eine Schale mit Wasser ins Backrohr stellen.
Das Brot während des Backens des Öfteren mit
Wasser bepinseln.

*Diese Wecken eignen sich bestens zum Einfrieren.
Nach dem Auftauen mit Knoblauch- oder Kräuterbutter bestreichen und leicht toasten! Somit
haben Sie beim Grillen immer eine passende
Beilage.*

Kürbiskernbrot mit Käse

600 g Dinkelmehl
400 g Weizenvollmehl
40 g Germ
600 ml lauwarmes Wasser
1 EL Salz
100 g grob geriebener
Hartkäse
100 g Kürbiskerne
2 EL Oliven- oder Rapsöl

Zum Bestreuen:
Kürbiskerne

Germ in 100 ml lauwarmem Wasser auflösen und mit den übrigen Zutaten (außer dem Käse und den Kürbiskernen) zu einem Teig kneten. Den Teig ca. 1 Stunde lang zugedeckt gehen lassen.
Dann den Teig nochmals durchkneten und dabei auch die Kürbiskerne und den Käse dazumischen.
Anschließend einen Laib formen, auf ein befettetes Backblech geben und noch einmal 30 Minuten gehen lassen.
Den Laib mit Wasser bestreichen, ev. mit Kürbiskernen bestreuen und backen.

Backtemperatur und Backzeit: Auf 220 °C vorheizen, Brot 30 Minuten backen, auf 180 °C zurückschalten und nochmals ca. 45 Minuten backen.

Zu diesem Brot schmeckt sehr gut Mozzarella mit Tomaten, eventuell mit etwas Kürbiskernöl verfeinert.

Ciabatta
(Italienisches Fladenbrot)

Grundrezept:
200 g Dinkelmehl
200 g Weizenmehl
30 g Germ
200 ml Wasser
1 TL Salz
1/2 TL Zucker
4 EL Olivenöl

Germ, Zucker und etwas lauwarmes Wasser von den Zutaten gut verrühren und ca. 10 Minuten gehen lassen. Dann mit den anderen Zutaten einen geschmeidigen Teig kneten. Diesen zugedeckt an einem warmen Ort gehen lassen.
Den Teig auf ein Brett geben, nochmals gut durchkneten und ca. 2 cm dick auswalken. Dann Vierecke von ca. 10 × 20 cm schneiden und auf ein mit Backpapier ausgelegtes Blech legen. Nochmals 15 Minuten gehen lassen, mit Wasser bestreichen und backen.

Backtemperatur und Backzeit: Auf 200 °C vorheizen und ca. 20 Minuten backen. Ciabatta sollte nicht zu dunkel gebacken werden.

Verschiedene Varianten:
Tomatenciabatta: Klein geschnittene getrocknete Tomaten in den Grundteig kneten. Sie können die Tomatenstückchen auch auf die Oberfläche streuen. Die Verarbeitung und das Backen erfolgen wie beim Grundrezept.

Olivenciabatta: Grundteig bereiten. Die klein geschnittenen grünen und schwarzen Oliven hineinkneten und darauf streuen. Temperatur und Backzeit wie beim Grundrezept.

Weitere: Dieses italienische Fladenbrot können Sie auch mit Knoblauch oder gerösteten Zwiebeln zubereiten.

> *Dieses Brot und alle seine Varianten passen sehr gut zu verschiedensten Salaten.*

Schnelles Dinkelbrot

600 g Dinkelmehl
400 g Dinkelvollmehl
40 g Germ
1 EL Salz
1 EL Honig
1 EL Brotgewürz
2 EL Leinsamen
2 EL Sonnenblumenkerne
ca. 500 ml lauwarmes
Wasser

Zum Ausstreuen:
Leinsamen

Germ in 100 ml lauwarmem Wasser auflösen
und ca. 10 Minuten gehen lassen.
Dann mit den anderen Zutaten einen Teig
kneten. Diese gleich in zwei befettete und mit
Leinsamen ausgestreute Kastenformen geben,
kurz gehen lassen und backen.

Backtemperatur und Backzeit: Auf 210 °C
vorheizen und ca. 15 Minuten backen.
Zurückschalten auf 190 °C und noch
ca. 50 Minuten backen. Die letzten 10 Minuten
das Brot aus der Kastenform geben und fertig
backen.

*Probieren Sie dieses Brot
unbedingt zum Frühstück,
es schmeckt am besten mit
Butter, Marmelade oder Honig.*

Haferflockenbrot

100 g Haferflocken
100 g Dinkelmehl
100 ml Sauermilch
1 TL Salz
1 TL Brotgewürz
1 1/2 TL Backpulver

Zum Bestreuen:
Haferflocken

Die Haferflocken mit der Sauermilch ver-
mischen und über Nacht gehen lassen.
Am nächsten Tag Mehl, Salz, Brotgewürz und
Backpulver vermischen und die eingeweichten
Haferflocken darunter mischen. Der Teig soll
nicht zu weich sein.
Auf ein bemehltes Brett geben und durch-
kneten. Dann einen runden Fladen von ca. 1 cm
Dicke auswalken und auf ein befettetes oder
mit Backpapier ausgelegtes Blech legen, mit
Eiermilch bestreichen und mit Haferflocken
bestreuen.
Mit einem scharfen Messer wie bei einer Torte
8 Stücke einschneiden und hell backen.

Backtemperatur und Backzeit: Auf 210 °C
vorheizen und ca. 30 Minuten backen.

>> *Haferflockenbrot empfiehlt sich*
für ein „verspätetes Frühstück".
Es ist sehr schnell fertig.
Sie können es also sogar erst
am Morgen frisch backen. <<

Kleingebäck
mit Sauerteig

~

Nussweckerl
Rezept siehe Seite 102

Roggenlaibchen

Für das Dampferl:
150 g Sauerteig
40 g Germ
100 g Roggenmehl
100 ml lauwarmes Wasser

Für die Laibchen:
200 g Roggenvollmehl
200 g Roggenmehl
200 g Weizenmehl
1 TL Salz
1 EL Brotgewürz
1/2 TL Neugewürz
ca. 300 ml Wasser

Zum Bestreuen:
Brotgewürz

Germ im lauwarmen Wasser auflösen und mit dem Sauerteig und dem Roggenmehl gut verrühren. Ca. 30 Minuten gehen lassen. Dann das Dampferl zu den anderen Zutaten geben und gut kneten. Den Teig in eine Schüssel geben und zugedeckt 1 Stunde gehen lassen. Anschließend nochmals durchkneten, Laibchen formen, auf ein befettetes oder mit Backpapier ausgelegtes Backblech legen und nochmals zugedeckt ca. 20 Minuten gehen lassen. Mit Wasser bepinseln, mit Brotgewürz bestreuen und backen.

Backtemperatur und Backzeit: Das Backrohr auf 200 °C vorheizen und die Laibchen ca. 25 Minuten hell backen.

Roggenlaibchen mit Speck und Käse sind ein besonderer Genuss.

Schuastaloaberl

Für das Dampferl:
3 EL Sauerteig
40 g Germ
250 ml lauwarmes Wasser
100 g Roggenmehl

Für die Loaberl:
500 g Roggenmehl
500 g Weizenmehl
ca. 300 ml lauwarmes
Wasser
1 1/2 TL Salz
1 EL Kümmel
(leicht geschrotet)

Zum Bestreuen:
Kümmel

Den Sauerteig, Roggenmehl, 250 ml lau-warmes Wasser und den Germ anrühren und ca. 1 Stunde gehen lassen.
Dann mit den übrigen Zutaten ca. 15 Minuten einen Teig kneten.
1 Stunde gehen lassen, nochmals gut durch-kneten, kleine Loaberl formen und auf befettetes oder mit Backpapier ausgelegtes Backblech legen. Zugedeckt nochmals 20 Minuten gehen lassen.
Dann mit Wasser bestreichen, mit Kümmel bestreuen und backen.

Backtemperatur und Backzeit: Das Back-rohr auf 220 °C vorheizen und die Loaberl ca. 20 Minuten backen.
Heißes Wasser ins Rohr stellen!

Schuastaloaberl schmecken ausgezeichnet zu einer Heurigenjause mit einem Glas Most.

Partyrad

Für das Dampferl:
100 ml lauwarmes Wasser
150 g Sauerteig
40 g Germ

Für das Partyrad:
250 g Weizenvollkornmehl
250 g Dinkelmehl
250 g Roggenmehl
250 ml gewässerte
Buttermilch
3 EL Sonnenblumenöl
1 EL brauner Zucker
1 1/2 TL Salz
1 EL Brotgewürz

Zum Bestreuen:
Mohn, Sesam, Leinsamen,
Sonnenblumenkerne

Lauwarmes Wasser mit Sauerteig und Germ verrühren und ca. 30 Minuten gehen lassen. Dann mit den anderen Zutaten einen glatten Teig kneten. Diesen zugedeckt ca. 1 Stunde gehen lassen.
Kleine Kugeln formen, diese auf ein befettetes oder mit Backpapier ausgelegtes Backblech zu einem runden Kreis legen (nicht zu weit auseinander legen). Nochmals 30 Minuten gehen lassen.
Abwechselnd mit Mohn, Sesam, Leinsamen und Sonnenblumenkernen bestreuen und backen.

Backtemperatur und Backzeit: Backrohr auf 200 °C vorheizen und das Partyrad ca. 30 Minuten backen.

> *Das Partyrad eignet sich gut als Mitbringsel zu einem Gartenfest.*

Nussweckerl

Für das Dampferl:
100 g Sauerteig
100 ml lauwarmes Wasser
30 g Germ

Für die Nussweckerl:
300 g Dinkelvollmehl
300 g Dinkelmehl
300 g Roggenmehl
400 ml lauwarmes Wasser
1 EL Salz
1 EL Zucker
1 EL zerlassene Butter
80 g Walnüsse
(grob gemahlen)
1 EL Brotgewürz
30 g Kürbiskerne
(gehackt)

Zum Bestreuen:
Kürbiskerne

Sauerteig mit 100 ml lauwarmem Wasser und Germ gut verrühren und ca. 10 Minuten gehen lassen. Dann mit den anderen Zutaten (ausgenommen die Nüsse) einen Teig kneten. Zum Schluss die Nüsse zum Teig geben. Den Teig zugedeckt ca. 30 Minuten gehen lassen. Das Volumen sollte sich verdoppeln. Nochmals gut durchkneten, auf ein Brett geben, Weckerl formen, auf ein befettetes oder mit Backpapier ausgelegtes Backblech legen und zugedeckt nochmals ca. 30 Minuten gehen lassen.
Dann mit Wasser oder mit gewässerter Milch bestreichen, mit gehackten Kürbiskernen bestreuen und ins Backrohr geben.

Backtemperatur und Backzeit: Auf 210 °C vorheizen und die Weckerl ca. 20–25 Minuten backen.

Specklaibchen

250 g Roggenmehl
250 g Dinkelmehl
250 g Weizenmehl
15 g Salz
60 g Sauerteig
30 g Germ
1 EL gemahlene
Gewürze (Kümmel,
Fenchel, Koriander)
100 g feinst
geschnittener Speck
1 EL geröstete Zwiebel
ca. 300 ml lauwarmes
Wasser

Zum Belegen:
Zwiebelringe

Sauerteig mit Wasser (von den Zutaten),
etwas Mehl und Germ anrühren. 15 Minuten
gehen lassen.
Dann mit den übrigen Zutaten ca. 15 Minuten
mit der Hand oder mit der Küchenmaschine zu
einem Teig kneten. Zugedeckt an einem warmen Ort aufgehen lassen.
Anschließend den Teig nochmals gut durchkneten, kleine Laibchen formen, auf ein
befettetes Blech legen und erneut gehen lassen.
Die Laibchen mit Wasser oder Milch bestreichen, mit Zwiebelringen belegen und backen.

Backtemperatur und Backzeit: Das Backrohr auf 200 °C vorheizen und die Laibchen
20 Minuten backen.

>> *Specklaibchen sind eine ideale*
Jause für den kleinen Hunger. <<

Kleingebäck
ohne Sauerteig

❧

Partysemmerl
Rezept siehe Seite 143

Salzstangerl I

500 g feines Weizenmehl
500 g feines Dinkelmehl
40 g Germ
1 EL Salz
1 EL Kümmel
500 ml gewässerte Milch

Zum Bestreuen:
grobkörniges Salz

Germ mit etwas Flüssigkeit von den Zutaten
auflösen und mit Mehl, Salz, Kümmel und
gewässerter Milch einen Germteig kneten.
Der Teig sollte nicht zu weich sein.
Ca. 1 Stunde an einem warmen Platz gehen
lassen und dann Stangerl formen.
Nochmals gehen lassen, mit Wasser bepinseln
und mit grobem Salz bestreuen.

Backtemperatur und Backzeit: Backrohr auf
220 °C vorheizen und die Stangerl ca. 20 Minuten backen.

*»Wenn man Gäste erwartet, ist eine
Gulaschsuppe mit frischen Salzstangerln
zu empfehlen, weil sich diese Kombination
sehr gut vorbereiten lässt und vorzüglich
schmeckt.«*

Mohnflesserl I

200 g Roggenmehl
500 g Weizenmehl
300 g Dinkelmehl
40 g Germ
1 EL Salz
2 EL Brotgewürz
ca. 500 ml lauwarmes
Wasser oder
gewässerte Milch

Zum Bestreuen:
Mohn

Teigzubereitung wie bei den Salzstangerln.
Mohnflesserl formen (s. S. 18), mit Wasser
bestreichen, mit Mohn bestreuen und backen.

Backtemperatur und Backzeit: Backrohr auf
220 °C vorheizen und die Stangerl ca. 20 Minuten backen.

> *Mohnflesserl passen sehr gut
> zum kalten Buffet.*

Frühstücksbrötchen

Für das Dampferl:
300 g Dinkelmehl weiß
30 g Germ
300 ml lauwarmes Wasser

Für die Brötchen:
500 g Dinkelvollkornmehl
300 g Dinkelmehl weiß
30 g Germ
250 ml lauwarmes Wasser
50 g zerlassene Butter
1 EL Zucker
1 EL Salz

Zum Bestreuen:
Sesam

Das Dinkelmehl weiß, lauwarmes Wasser und Germ am Vorabend anrühren und zugedeckt bei Zimmertemperatur über Nacht stehen lassen (Dampferl).
Am nächsten Tag aus dem Dampferl und den anderen Zutaten mit der Küchenmaschine oder mit der Hand einen Teig kneten (ca. 15 Minuten) und diesen zugedeckt 45 Minuten gehen lassen.
Nochmals durchkneten, auf ein Brett geben und kleine runde Brötchen formen, die man auf ein befettetes oder mit Backpapier ausgelegtes Backblech legt. Nochmals ca. 30 Minuten gehen lassen.
Mit Wasser anstreichen, mit Sesam bestreuen und backen.

Backtemperatur und Backzeit: Backrohr auf 210 °C vorheizen und die Brötchen ca. 25–30 Minuten backen.

Diese Brötchen eignen sich besonders gut zum Einfrieren.

Schusterlaibchen

250 g Roggenmehl
250 g Dinkelmehl
2 TL Salz
1 EL Kümmel
1 EL Fenchel
1 Päckchen Backpulver
300 ml Bier

Zum Bestreuen:
Fenchel

Alle Zutaten trocken mischen und nach
und nach das Bier beimengen.
Gut durchkneten, Laibchen formen und auf
ein befettetes Blech geben, mit Wasser bestreichen und mit Fenchel bestreuen.

Backtemperatur und Backzeit: Das Backrohr auf 200 °C vorheizen und die Laibchen
ca. 35 Minuten backen.

》 *Schusterlaibchen sind sehr schnell
zubereitet und eignen sich sehr gut
zum Einfrieren.* 《

Käseweckerl I

250 g Weizenvollmehl
250 g Dinkelmehl
2 TL Salz
40 g Germ
125 ml lauwarmes Wasser
200 ml Buttermilch

Zum Bestreuen:
150 g Käse
(Gouda, Emmentaler
oder Bergbaron)
etwas Paprikapulver

Germ im lauwarmen Wasser auflösen und
mit den anderen Zutaten zu einem Teig kneten.
30 Minuten gehen lassen, Weckerl formen,
auf ein befettetes oder mit Backpapier ausgelegtes Backblech legen und nochmals 15 Minuten gehen lassen.
Dann in die Mitte der Weckerl eine Mulde ein-
drücken, mit Milch anstreichen und mit geriebenem Käse sowie Paprika bestreuen
und backen.

Backtemperatur und Backzeit: Auf 200 °C
vorheizen und die Weckerl 20 Minuten backen.

*Käseweckerl sind eine sehr
sättigende Schuljause für Kinder.*

Salzstangerl II

250 g Dinkelvollmehl
250 g Dinkelweißmehl
1 Päckchen Trockengerm
oder 40 g Germ
1 TL Salz
1 TL Kümmel
125 ml Milch
125 ml Wasser
1 EL Rapsöl

Zum Bestreuen:
grobkörniges Salz
Kümmel

Trockengerm im lauwarmen Wasser auflösen und mit allen anderen Zutaten einen feinen Teig kneten. Den Teig zugedeckt ca. 30 Minuten gehen lassen.
Salzstangerl formen: Teig ausrollen, Dreiecke schneiden und von der breiteren Seite her zusammenrollen. Auf ein befettetes oder mit Backpapier ausgelegtes Backblech geben und nochmals ca. 15 Minuten gehen lassen. Mit Wasser bepinseln, mit Salz und Kümmel bestreuen und backen.

Backtemperatur und Backzeit: Das Backrohr auf 200 °C vorheizen und die Stangerl 20 Minuten backen.

Dinkelweckerl I

350 g Dinkelmehl weiß
350 g Dinkelvollmehl
300 g Roggenmehl
300 g Weizenvollmehl
300 g Weizenmehl
1 EL Salz
60 g Germ
2 EL Brotgewürz
(grob geschrotet)
100 g Sesam
ca. 600 ml gewässerte Milch
20 g zerlassene Butter
1 Becher Joghurt

Zum Bestreuen:
Brotgewürz oder Sesam

Von den Zutaten 100 ml gewässerte Milch nehmen, den Germ darin auflösen und 5 Minuten gehen lassen.
Das Dampferl zu den anderen Zutaten geben und einen feinen Teig kneten. Diesen zugedeckt ca. 30 Minuten gehen lassen. Nochmals durchkneten und Weckerl formen. Diese auf ein befettetes Blech legen und zugedeckt nochmals 20 Minuten gehen lassen. Nachher mit gewässerter Milch bestreichen, eventuell mit Brotgewürz oder Sesam bestreuen und backen.

Backtemperatur und Backzeit: Das Backrohr auf 200 °C vorheizen und die Weckerl ca. 20 Minuten backen.

Dinkelweckerl II

500 g Dinkelvollmehl
500 g Dinkelmehl
300 g Roggenmehl
400 g Weizenmehl
1 1/2 EL Salz
60 g Germ
500 ml Buttermilch
300 ml lauwarmes Wasser
je 50 g Leinsamen und
Sonnenblumenkerne
2 EL Brotgewürz

Zum Bestreuen:
Leinsamen oder
Sonnenblumenkerne

Zubereitung wie beim Rezept „Dinkel-weckerl I" auf S. 120, jedoch die Weckerl nach dem Gehen mit Wasser bestreichen, mit Leinsamen oder Sonnenblumenkernen bestreuen und backen.

Backtemperatur und Backzeit: Das Backrohr auf 200 °C vorheizen und die Weckerl ca. 20 Minuten backen.

Wachauer Weckerl

300 g Weizenmehl
200 g Dinkelmehl
100 g Roggenmehl
ca. 300 ml lauwarmes
Wasser
40 g Germ
1 1/2 TL Salz
1 TL Kümmel
1 TL Zucker

Zum Bestreuen:
Kümmel

Germ, Zucker und ca. 100 ml lauwarmes
Wasser gut verrühren und ca. 10 Minuten
gehen lassen. Dann gemeinsam mit den
anderen Zutaten einen Teig kneten.
Zugedeckt ca. 40–50 Minuten gehen lassen.
Anschließend den Teig auf ein Brett geben,
nochmals durchkneten und daraus Weckerl
formen. Diese auf ein befettetes oder mit Backpapier ausgelegtes Blech legen und wieder
ca. 30 Minuten gehen lassen.
Dann mit Wasser oder gewässerter Milch
bestreichen, mit Kümmel bestreuen
und backen.

Backtemperatur und Backzeit: Das Backrohr auf 210 °C vorheizen und die Weckerl
ca. 30 Minuten backen.

*Diese Weckerl passen besonders
gut zu Aufstrichen und verschiedenen
Salaten.*

Buttermilch-Vollkornweckerl

500 g Weizenvollmehl
500 g Dinkelmehl
1 EL Salz
1 EL Sonnenblumenöl
3 EL Leinsamen
3 EL Sonnenblumenkerne
1 EL Kümmel
60 g Germ
125 ml lauwarmes Wasser
1 TL Zucker
500 ml lauwarme
Buttermilch

Zum Bestreuen:
ev. Leinsamen

In die lauwarme Buttermilch alle Körner
geben und 15 Minuten quellen lassen.
Germ in 125 ml lauwarmem Wasser auflösen
und mit allen anderen Zutaten zu einem
geschmeidigen Teig kneten.
Ca. 30 Minuten gehen lassen, den Teig auf
ein Brett geben, nochmals durchkneten und
Weckerl formen. Auf ein befettetes oder mit
Backpapier ausgelegtes Backblech legen und
zugedeckt ca. 15 Minuten gehen lassen.
Mit Wasser bestreichen, ev. mit Leinsamen
bestreuen und backen.

Backtemperatur und Backzeit: Das Backrohr
auf 200 °C vorheizen und die Weckerl 20 Minuten backen.

> *Buttermilch-Vollkornweckerl
> sind ein sehr gutes und nahrhaftes
> Frühstücksgebäck – ein optimaler
> Start in den Tag.*

Joghurtweckerl

200 g Dinkelvollmehl
200 g Dinkelweißmehl
200 g griffiges Weizenmehl
40 g Germ
400 ml Joghurt
4 EL Rapsöl
1 TL Salz
100 ml Wasser

Zum Bestreuen:
Sesam

Joghurt vorher in einen warmen Raum stellen – es darf nämlich auf keinen Fall zu kalt sein!

Germ in warmem Wasser auflösen. Mit allen anderen Zutaten zu einem Teig kneten. Zugedeckt ca. 30 Minuten gehen lassen. Das Teigvolumen sollte sich verdoppeln.

Den Teig erneut durchkneten. Weckerl formen und auf ein befettetes oder mit Backpapier belegtes Blech legen.

Nochmals zugedeckt 30 Minuten gehen lassen, mit dem Messer zweimal einschneiden, mit Ei bestreichen und mit Sesam bestreuen.

Backtemperatur und Backzeit: Das Backrohr auf 200 °C vorheizen und die Weckerl 20 Minuten backen.

Mohnzöpfchen

200 g Weizenmehl
300 g Dinkelvollmehl
125 ml Schlagobers
125 ml lauwarmes Wasser
40 g Germ
1 TL Salz

Zum Bestreuen:
Mohn

Germ im lauwarmen Wasser auflösen und 5 Minuten gehen lassen. Mit allen anderen Zutaten einen Teig kneten. 1 Stunde gehen lassen.

Den Teig auf ein Brett geben, mit der Hand durchkneten und in 8 Stücke teilen. Jedes Stück wiederum in 3 Teile teilen und in kleine Stränge rollen.

Zöpfchen flechten, auf ein befettetes oder mit Backpapier ausgelegtes Backblech legen und zugedeckt nochmals ca. 15 Minuten gehen lassen. Mit Wasser bestreichen und mit Mohn bestreuen.

Backtemperatur und Backzeit: Das Backrohr auf 200 °C vorheizen und die Zöpfchen 20 Minuten backen.
Eine Schale mit heißem Wasser ins Rohr stellen!

Käsehörnchen

250 g Dinkelmehl
250 g Weizenvollmehl
100 g geriebener Hartkäse
1 Päckchen Weinstein
Backpulver
ca. 375 ml Sauermilch
150 g Butter
1/2 EL Salz
1 Ei zum Bestreichen

Mehl, Butter, Sauermilch, Backpulver, Salz und geriebenen Käse zu einem Teig verarbeiten. Im Kühlschrank 30 Minuten rasten lassen. Teig ausrollen, in Dreiecke schneiden und zu Kipferl formen, mit Ei bestreichen und ins Backrohr geben.

Backtemperatur und Backzeit: Das Backrohr auf 200 °C vorheizen und die Hörnchen ca. 20 Minuten backen.

Rahmweckerl

300 g Weizenvollmehl
300 g Dinkelmehl
1 Päckchen Trockengerm
oder 40 g Germ
200 ml Schlagobers
200 ml Wasser
4 EL Maiskeimöl
1 EL Honig
1 TL Meersalz

Germ in 200 ml lauwarmem Wasser auflösen und ca. 10 Minuten gehen lassen. Mit allen anderen Zutaten zu einem glatten Teig kneten. Anschließend 30 Minuten gehen lassen.
Den Teig nochmals kneten, zu Weckerl formen. Auf einem befetteten oder mit Backpapier ausgelegten Backblech nochmals zugedeckt 30 Minuten gehen lassen.
Mit gewässerter Milch bestreichen und ins Backrohr geben.

Backtemperatur und Backzeit: Auf 200 °C vorheizen und die Weckerl ca. 20 Minuten backen.
Im Heißluftrohr bei ca. 180 °C backen, selbe Backzeit.

Mohnflesserl II

400 g Dinkelvollmehl
200 g Dinkelweißmehl
1 TL Salz
40 g Germ
4 EL Maiskeimöl
1 TL Honig
ca. 250 ml lauwarmes
Wasser oder
gewässerte Milch

Zum Bestreuen:
Mohn
ev. grobes Salz

Germ in 125 ml lauwarmer Flüssigkeit auflösen und ca. 10 Minuten gehen lassen. Mit den anderen Zutaten einen Germteig zubereiten und ca. 30 Minuten gehen lassen.
Flesserl formen (s. S. 18), auf ein befettetes oder mit Backpapier ausgelegtes Backblech legen und zugedeckt nochmals ca. 20 Minuten gehen lassen.
Mit Wasser oder Eiermilch bestreichen, mit Mohn und ev. grobem Salz bestreuen und backen.

Backtemperatur und Backzeit: Das Backrohr auf 200 °C vorheizen und die Flesserl ca. 25 Minuten backen.

Landmehlweckerl

700 g Landmehl
200 g Dinkelvollmehl
400 ml Sauermilch
ca. 125 ml lauwarmes Wasser
2 TL Salz
3 TL Brotgewürz
3 EL Sesam
1 EL Rapsöl
40 g Germ

Zum Bestreuen:
Sesam

Germ im lauwarmen Wasser auflösen und ca. 10 Minuten gehen lassen.
Mit den anderen Zutaten einen glatten Teig kneten. Die Buttermilch sollte lauwarm sein. Den Teig zugedeckt ca. 30–40 Minuten gehen lassen, nochmals durchkneten, Weckerl formen und auf ein befettetes oder mit Backpapier ausgelegtes Backblech legen. Nochmals 20 Minuten gehen lassen.
Dann mit Wasser bestreichen, mit Sesam bestreuen und backen.

Backtemperatur und Backzeit: Das Backrohr auf 180 °C vorheizen und die Weckerl ca. 40 Minuten backen.

Landmehlweckerl schmecken z.B. sehr gut zu einem pikanten Frischkäseaufstrich.

Mehrkornweckerl

100 g Dinkelmehl weiß
100 g Dinkelvollmehl
100 g Weizenvollmehl
200 g Mehrkornmehl
40 g Germ
1 TL Salz
1 EL Brotgewürz
250 ml gewässerte Milch
3 EL Sesam

Zum Bestreuen:
Sesam

Germ in etwas Flüssigkeit auflösen und
10 Minuten gehen lassen.
Mit den anderen Zutaten mit der Küchenmaschine oder mit der Hand einen Teig kneten.
Teig in eine Schüssel geben und zugedeckt
30 Minuten gehen lassen.
Dann den Teig auf ein Brett geben, gut durchkneten, Weckerl formen, auf ein gefettetes oder
mit Backpapier ausgelegtes Backblech geben
und zugedeckt nochmals ca. 20 Minuten gehen
lassen.
Mit gewässerter Milch bestreichen, mit Sesam
bestreuen und backen.

Backtemperatur und Backzeit: Das Backrohr auf 210 °C vorheizen und die Weckerl
ca. 20–25 Minuten backen.

Grahamweckerl I

350 g Dinkelvollmehl
200 g Weizenmehl
50 g Haferflocken
1 TL Salz
2 TL Brotgewürz
40 g Germ
250 ml Buttermilch
ca. 125 ml lauwarmes Wasser

Zum Bestreuen:
Haferflocken

Germ im lauwarmen Wasser auflösen und mit allen anderen Zutaten mit der Küchenmaschine einen Teig kneten. 30 Minuten gehen lassen. Anschließend Weckerl formen, auf ein befettetes oder mit einem Backpapier ausgelegtes Backblech geben und nochmals zugedeckt ca. 20 Minuten gehen lassen.
Dann mit Eiermilch oder Wasser bestreichen, mit Haferflocken bestreuen und backen.

Backtemperatur und Backzeit: Das Backrohr uf 200 °C vorheizen und die Weckerl ca. 25 Minuten backen.

Käseweckerl II

400 g Dinkelvollmehl
200 g Mehrkornmehl
50 g geriebener Emmentaler
1 TL Salz
40 g Germ oder
1 Päckchen Trockengerm
250 ml Buttermilch
30 g zerlassene Butter
ca. 125 ml lauwarmes Wasser

Zum Bestreuen:
etwas Paprikapulver
Käse
grobes Salz

Germ im lauwarmen Wasser auflösen und
ca. 5–10 Minuten gehen lassen.
Mit allen anderen Zutaten zu einem Teig
kneten und ca. 30 Minuten zugedeckt gehen
lassen.
Den geriebenen Emmentaler dazugeben
und gut durchkneten.
Drei größere Weckerl formen (es können
auch mehr kleinere Weckerl sein) und auf ein
befettetes oder mit Backpapier ausgelegtes
Backblech legen. Nochmals zugedeckt
ca. 20 Minuten gehen lassen.
Mit Eiermilch bestreichen, mit Käse, Salz
und Paprikapulver bestreuen und backen.

Backtemperatur und Backzeit: Auf 200 °C
vorheizen und die Weckerl ca. 30 Minuten
backen.

*Käseweckerl mit Landfrischkäse und
Tomaten ergeben ein gesundes Abendessen.*

Leinsamenweckerl

300 g Weizenvollmehl
100 g Roggenmehl
200 g Weizenmehl
ca. 300 ml lauwarme Milch
1 TL Salz
1 EL Brotgewürz
1 Päckchen Trockengerm
oder 40 g Germ
2 EL Leinsamen

Zum Bestreuen:
Leinsamen

Germ in 125 ml lauwarmer Milch auflösen
und ca. 10 Minuten gehen lassen.
Dann mit den übrigen Zutaten einen Teig
kneten, in eine Schüssel geben und zugedeckt
ca. 30 Minuten gehen lassen.
Weckerl formen, auf ein befettetes oder ein
mit Backpapier ausgelegtes Backblech geben
und zugedeckt nochmals 15 Minuten gehen
lassen.
Mit gewässerter Milch bestreichen, mit Leinsamen bestreuen und backen.

Backtemperatur und Backzeit: Das Backrohr auf 200 °C vorheizen und die Weckerl
ca. 20–25 Minuten backen.

Eine gesunde Schuljause für Kinder –
Leinsamenweckerl einfach mit Käse,
Paprika oder Tomaten belegen.

Partysemmerl

400 g Dinkelmehl
200 g Weizenmehl
1 EL Salz
2 EL Brotgewürz
40 g Germ
ca. 350 ml warmes Wasser
1 EL zerlassene Butter
1 TL Zucker

Zum Bestreuen:
etwas Mohn oder Sesam

100 ml Wasser von den Zutaten nehmen, Germ und Zucker darin auflösen. Ca. 5–10 Minuten gehen lassen.

Dann mit allen anderen Zutaten einen Germteig kneten und zugedeckt ca. 20 Minuten gehen lassen.

Den Teig auf ein Brett geben, nochmals mit der Hand gut durchkneten, Semmerl (Kugeln) formen, auf ein befettetes oder mit Backpapier ausgelegtes Backblech legen und nochmals zugedeckt ca. 20 Minuten gehen lassen.

Mit dem Messer ein Kreuz einschneiden, mit Eiermilch bestreichen, mit Mohn oder Sesam bestreuen und backen.

Backtemperatur und Backzeit: Das Backrohr auf 200 °C vorheizen und die Semmerl ca. 25 Minuten backen.
Im Heißluftrohr bei ca. 180 °C backen, selbe Backzeit.

Vintschgerl

350 g Roggenvollmehl
500 g Roggenmehl
150 g Weizenvollmehl
150 g Weizenmehl
60 g Germ
500 ml lauwarmes Wasser
1 EL Salz
2 EL Brotgewürz
(geschrotet)

Zum Bestreuen:
geschrotetes Brotgewürz

Den Germ in 100 ml lauwarmem Wasser von den Zutaten auflösen und 10 Minuten gehen lassen.
Dann mit den übrigen Zutaten zu einem Germteig kneten. Zugedeckt ca. 40 Minuten gehen lassen und anschließend nochmals gut durchkneten.
Kugerl formen und diese flachdrücken.
Auf ein befettetes oder mit Backpapier ausgelegtes Backblech legen und wiederum zugedeckt 20 Minuten gehen lassen.
Dann mit Wasser bestreichen, mehrmals mit der Gabel einstechen, mit etwas Brotgewürz bestreuen und backen.

Backtemperatur und Backzeit: Das Backrohr auf 220°C vorheizen und die Vintschgerl ca. 20–25 Minuten backen.
Im Heißluftrohr bei ca. 180 °C bis 190 °C gleich lang backen.

Pizzaweckerl

300 g Landmehl
300 g Dinkelmehl
40 g Germ
2 EL Brotgewürz
1 TL Salz
300 ml lauwarmes Wasser
1 EL zerlassene Butter
Ketchup, Pizzagewürz,
geriebener Käse

Zum Bestreichen:
Ketchup

Zum Bestreuen:
Pizzagewürz
geriebener Käse

In 100 ml lauwarmem Wasser von den Zutaten
den Germ auflösen und ca. 10 Minuten gehen
lassen. Dann mit den anderen Zutaten einen
Germteig kneten.
Den Teig zugedeckt ca. 30 Minuten gehen
lassen, nochmals durchkneten, längliche
Weckerl formen, auf ein befettetes oder mit
Backpapier ausgelegtes Backblech legen
und nochmals ca. 20 Minuten zugedeckt
gehen lassen.
Die Weckerl mit Ketchup bestreichen, mit
Pizzagewürz und geriebenem Käse bestreuen
und backen.

Backtemperatur und Backzeit: Auf 210 °C
vorheizen und die Weckerl ca. 25–30 Minuten
backen.

*Pizzaweckerl sind bei Kindern
besonders beliebt.*

Bier-Roggenbrötchen

300 ml Hefeweizenbier
400 g Roggenmehl
100 g Weizenmehl
100 g Dinkelmehl
1 1/2 Päckchen Backpulver
1 TL Salz
1 TL Kümmel
1 TL Brotgewürz

Zum Bestreuen:
Sonnenblumenkerne
oder Leinsamen

Alle Zutaten mit der Küchenmaschine
zu einem glatten Teig kneten.
Kleine Laibchen formen, auf ein befettetes
Blech legen und etwas einschneiden.
Mit Eiermilch bestreichen, mit Sonnenblumenkernen oder Leinsamen bestreuen
und ins Backrohr geben.

Backtemperatur und Backzeit: Das Backrohr auf 200 °C vorheizen und die Brötchen
ca. 30 Minuten backen.

*» Bier-Roggenbrötchen schmecken
hervorragend bei einer deftigen
Brotzeit. «*

Buttermilchweckerl mit Sesam

400 g Weizenvollmehl
200 g Dinkelmehl
150 ml lauwarmes Wasser
1 TL Kräutersalz
1 TL Salz
1 EL Brotgewürz
40 g Germ
2 EL Maiskeimöl
250 ml Buttermilch
(etwas angewärmt)
50 g Sesam

Zum Bestreuen:
Sesam

Germ im lauwarmen Wasser auflösen und mit den anderen Zutaten zu einem Teig kneten. Diesen zugedeckt ca. 45 Minuten gehen lassen. Den Teig anschließend nochmals durchkneten, Weckerl formen, auf ein befettetes oder mit Backpapier ausgelegtes Backblech legen und zugedeckt nochmals 30 Minuten gehen lassen. Mit Wasser bestreichen, mit der Gabel einige Male einstechen, mit Sesam bestreuen und backen.

Backtemperatur und Backzeit: Das Backrohr auf 210°C vorheizen und die Weckerl ca. 20 Minuten backen.

Müslilaiberl

400 g Weizenmehl
400 g Dinkelmehl
120 g Weizenkleie
60 g Germ
2 TL Honig
100 g Haferflocken
1 EL Salz
1 TL Anis
400 ml lauwarme Milch
150 g Rosinen

Zum Bestreuen:
Haferflocken

Germ und Honig in 100 ml lauwarmer Milch auflösen und ca. 10 Minuten gehen lassen.
Mit den anderen Zutaten einen Germteig zubereiten und gut kneten. Zum Schluss die Rosinen darunter mischen. Den Teig 30 Minuten gehen lassen.
Anschließend Laiberl formen, auf ein befettetes oder mit Backpapier ausgelegtes Backblech legen und nochmals ca. 20 Minuten gehen lassen.
Mit Milch anstreichen, mit Haferflocken bestreuen und backen.

Backtemperatur und Backzeit: Das Backrohr auf 200 °C vorheizen und die Laiberl ca. 30 Minuten backen.

» Müslilaiberl sind ein sehr feines Frühstücksgebäck. «

Mürbe Brezel

250 g Weizenvollmehl
250 g Dinkelmehl
1 TL Salz
30 g Germ
100 g zerlassene Butter
250 ml lauwarme Milch
1 TL Brotgewürz

Zum Bestreuen:
grobkörniges Salz

Germ in 100 ml lauwarmer Milch auflösen und ca. 10 Minuten gehen lassen.
Gemeinsam mit den übrigen Zutaten einen Teig kneten. Zugedeckt ca. 30 Minuten gehen lassen.
Nochmals durchkneten und in 18 Teile teilen. Brezeln formen, auf ein befettetes oder mit Backpapier ausgelegtes Backblech legen und nochmals ca. 30 Minuten gehen lassen. Mit Eiermilch bestreichen, mit grobem Salz bestreuen und backen.

Backtemperatur und Backzeit: Das Backrohr auf 200 °C vorheizen und die Brezeln ca. 25–30 Minuten backen.

Mürbe Brezel schmecken sehr gut zu Bier oder Wein.

Topfenweckerl

250 g Dinkelmehl
250 g Topfen
1 Ei
1 Päckchen Backpulver
1 TL Salz
1 TL Brotgewürz
ca. 100 ml Buttermilch

Zum Bestreuen:
Sesam

Alle Zutaten zu einem Teig kneten.
Weckerl formen, auf ein befettetes oder
mit Backpapier ausgelegtes Backblech legen,
mit Milch bestreichen, mit Sesam bestreuen
und backen.

Backtemperatur und Backzeit: Auf 200 °C
vorheizen und die Weckerl ca. 20 Minuten
backen.

*Topfenweckerl sind sehr schnell
zubereitet, weil man keinen Germ
dazu braucht und sie nicht aufgehen
lassen muss.*

Käse-Vollkornweckerl

200 g Weizenvollmehl
200 g Weizenmehl
400 g Roggenvollmehl
40 g Germ
300 ml lauwarme Milch
2 TL Salz
1 Ei
200 g geriebener
Emmentaler
80 g zerlassene Butter
100 g Leinsamen
je 1 TL Kümmel, Fenchel
und Koriander (geschrotet)
oder Brotgewürz

Zum Bestreuen:
Paprikapulver und
geriebener Käse

Germ in 100 ml lauwarmer Milch auflösen
und ca. 10 Minuten gehen lassen.
Dann mit den übrigen Zutaten zu einem nicht
zu festen Teig verrühren und gut durchkneten.
30 Minuten zugedeckt gehen lassen, nochmals
durchkneten und auf einem Brett Weckerl
formen. Diese auf ein befettetes oder mit Backpapier ausgelegtes Backblech legen und nochmals 20 Minuten gehen lassen.
Mit Eiermilch bestreichen, mit Käse und
Paprikapulver bestreuen und backen.

Backtemperatur und Backzeit: Das Backrohr auf 200 °C vorheizen und die Weckerl
ca. 30–35 Minuten backen.

Besonders schmackhaft
mit Butter und Milch dazu.

Grahamweckerl II

250 g Weizenvollmehl
200 g Dinkelmehl
50 g Haferflocken
1 TL Salz
30 g Germ
1 TL Kümmel (geschrotet)
100 ml lauwarmes Wasser
250 ml lauwarmes
Mineralwasser

Zum Bestreuen:
Haferflocken

Germ in 100 ml lauwarmem Wasser auflösen
und ca. 10 Minuten gehen lassen.
Gemeinsam mit den übrigen Zutaten einen
Germteig kneten und diesen zugedeckt
ca. 30 Minuten gehen lassen.
Anschließend den Teig nochmals durchkneten
und auf ein Brett geben. Kleine Weckerl formen
und auf ein befettetes oder mit Backpapier
ausgelegtes Backblech legen. Nochmals zugedeckt ca. 30 Minuten gehen lassen.
Dann mit Eiermilch bestreichen, mit Haferflocken bestreuen und ins Backrohr geben.

Backtemperatur und Backzeit: Das Backrohr auf 200 °C vorheizen und die Weckerl
ca. 30 Minuten backen.
Im Heißluftrohr bei ca. 180 °C backen,
selbe Backzeit.

Dinkelkipferl

400 g Dinkelvollmehl
300 g Dinkelmehl
30 g Germ
2 TL Salz
300 ml lauwarmes Wasser
3 EL Honig
2 EL Rapsöl

Zum Bestreuen:
Leinsamen oder Sesam

Germ und Honig in 100 ml lauwarmem Wasser auflösen und ca. 10 Minuten gehen lassen.

Mit den anderen Zutaten einen Germteig zubereiten und mit der Küchenmaschine oder mit der Hand gut kneten. Ca. 45 Minuten zugedeckt gehen lassen.

Auf ein Küchenbrett geben, nochmals durchkneten, Kipferl formen, auf ein befettetes oder mit Backpapier ausgelegtes Backblech legen und zugedeckt ca. 30 Minuten gehen lassen. Dann mit Wasser bestreichen, mit Leinsamen oder Sesam bestreuen und backen.

Backtemperatur und Backzeit: Das Backrohr auf 210 °C vorheizen und die Kipferl ca. 20–25 Minuten backen.

Weizen-Dinkel-Laibchen

300 g Weizenvollmehl
300 g Weizenmehl
300 g Dinkelvollmehl
300 g Dinkelmehl
60 g Germ
50 g zerlassene Butter
1 EL Salz
2 EL Honig
2 EL Koriander (geschrotet)
700 ml lauwarme,
gewässerte Milch

Zum Bestreuen:
leicht geschroteter
Koriander

Germ in 100 ml lauwarmer, gewässerter Milch auflösen und ca. 10 Minuten gehen lassen.
Mit den anderen Zutaten einen Teig kneten, diesen zugedeckt ca. 30 Minuten gehen lassen. Nochmals durchkneten, Laibchen formen, auf ein befettetes oder mit Backpapier ausgelegtes Backblech legen und nochmals zugedeckt ca. 30 Minuten gehen lassen.
Dann mit gewässerter Milch bestreichen, mit Koriander bestreuen und backen.

Backtemperatur und Backzeit: Das Backrohr auf 200 °C vorheizen und die Laibchen ca. 20–25 Minuten backen.

Vollkornkipferl

800 g Weizen- oder
Dinkelvollkornmehl
200 g Weizenmehl weiß
ca. 500 ml lauwarme Milch
3 EL Honig
100 g zerlassene Butter
60 g Germ
1/2 EL Salz
2 ganze Eier
Zitronenschale
1 EL Rum
100 g Rosinen

Germ und Honig in 100 ml lauwarmer
Milch auflösen und ca. 10 Minuten gehen
lassen.
Gemeinsam mit den anderen Zutaten
einen Germteig kneten. Diesen zugedeckt
ca. 45 Minuten gehen lassen.
Den Teig auf ein Brett geben, nochmals gut
durchkneten, Kipferl formen, auf ein befettetes
oder mit Backpapier ausgelegtes Backblech
legen und nochmals ca. 30 Minuten gehen
lassen.
Dann mit Milch bestreichen und backen.

Backtemperatur und Backzeit: Das Backrohr auf 200 °C vorheizen und die Kipferl
ca. 20 Minuten backen.

Laugenstangerl

350 g Weizenvollmehl
350 g Dinkelmehl weiß
350 ml lauwarmes Wasser
60 g Germ
1 EL Salz

Zum Kochen der Stangerl:
1 TL Natron

Zum Bestreuen:
grobkörniges Salz

Germ in 100 ml lauwarmem Wasser auflösen und ca. 10 Minuten gehen lassen.
Dann gemeinsam mit den anderen Zutaten einen Teig kneten. Ca. 15 Minuten kneten. Zugedeckt ca. 45 Minuten gehen lassen. Nochmals durchkneten, auf ein Brett geben und Stangerl formen.
In einem flachen Topf 1 Liter Wasser mit einem Teelöffel Natron zum Kochen bringen. Zwei Stangerl hineinlegen und ca. 1/2 Minute kochen lassen. Die Stangerl gehen sehr stark auf! Vorsichtig die Stangerl herausheben, auf ein befettetes oder mit Backpapier ausgelegtes Backblech legen, mit Salz bestreuen und backen.

Backtemperatur und Backzeit: Das Backrohr auf 220 °C vorheizen und die Stangerl ca. 20 Minuten backen.
Die Menge ergibt ca. 16 Stangerl.

» Diese Stangerl schmecken ganz ausgezeichnet zu Bier und Käse. «

Grissini (Brotstangerl)

125 g Weizenmehl
125 g Dinkelmehl
20 g Germ
125 ml lauwarmes Wasser
2 EL Olivenöl
1 Prise Zucker
1/2 TL Salz

Zum Bestreuen:
Mohn
Sesam

Germ und Zucker mit dem lauwarmen Wasser gut verrühren und ca. 5–10 Minuten gehen lassen.

Dann gemeinsam mit den anderen Zutaten einen sehr glatten Teig kneten. Zugedeckt ca. 30 Minuten gehen lassen. Das Teigvolumen sollte sich verdoppeln.

Anschließend den Teig auf ein Brett geben, sehr gut durchkneten, ca. 1 cm dick ausrollen und 1 cm breite Streifen schneiden. Diese auf ein befettetes oder mit Backpapier ausgelegtes Backblech legen und nochmals 10–15 Minuten gehen lassen.

Mit gewässerter Milch bestreichen, mit Mohn oder Sesam bestreuen und backen.

Backtemperatur und Backzeit: Das Backrohr auf 210 °C vorheizen und ca. 6–8 Minuten backen.

» *Diese Stangerl passen bestens zu Wein. Reichen Sie es auch als gewöhnliches Knabbergebäck.* «

Jourgebäck

500 g Weizenmehl
500 g Dinkelmehl
40 g Germ
1 EL Salz
1 TL Brotgewürz
1 TL Kümmel (ganz)
500 ml gewässerte,
lauwarme Milch

Zum Bestreuen:
Mohn
Sesam
grobkörniges Salz

Germ in 100 ml gewässerter, lauwarmer Milch auflösen und ca. 5–10 Minuten gehen lassen.
Dann gemeinsam mit den anderen Zutaten einen ziemlich festen Teig kneten (ca. 10 Minuten mit der Küchenmaschine oder mit der Hand). Den Teig in eine Schüssel geben und zugedeckt ca. 30 Minuten gehen lassen. Das Teigvolumen sollte sich verdoppeln.
Den Teig auf ein Brett geben und nochmals gut durchkneten. Dann kleine Flesserl oder Knöpfe (Anleitung auf S. 18), Weckerl, Semmerl und Stangerl formen, auf ein befettetes oder mit Backpapier ausgelegtes Backblech legen und nochmals ca. 20 Minuten gehen lassen. Anschließend mit gewässerter Milch bestreichen, mit Mohn, Sesam oder Salz bestreuen und backen.

Backtemperatur und Backzeit: Auf 200 °C vorheizen und das Gebäck ca. 20 Minuten backen.
Im Heißluftrohr bei ca. 180 °C backen, selbe Backzeit.

》Dieses Gebäck ergänzt optimal das kalte Buffet.《

Semmeln

1 kg Weizenmehl
500 ml lauwarmes Wasser
40 g Germ
30 g zerlassene Butter
1 EL Salz
1 TL Zucker

Germ und Zucker in 100 ml lauwarmem Wasser auflösen und ca. 5–10 Minuten gehen lassen.

Dann mit den anderen Zutaten einen Teig kneten, der nicht zu weich sein darf. Den Teig in eine Schüssel geben und ca. 50–60 Minuten gehen lassen.

Danach den Teig auf ein Brett geben und nochmals sehr gut durchkneten. Kugeln formen, auf ein befettetes oder mit Backpapier ausgelegtes Blech legen, etwas flachdrücken und nochmals zugedeckt gehen lassen.

Dann die Semmeln mit einem scharfen Messer einschneiden, mit gewässerter Milch bestreichen und backen.

Backtemperatur und Backzeit: Das Backrohr auf 210 °C vorheizen und ca. 25–30 Minuten backen.

» Semmeln schmecken sehr gut, sind aber nicht so gesund und vollwertig wie Dinkel- oder Vollkorngebäck. «

Kleingebäck ohne Sauerteig

Alphabetisches Register

Baguette	86	Mohnflesserl I	110
Bauernvollkornbrot	34	Mohnflesserl II	134
Bierbrot	74	Mohnzöpfchen	128
Bier-Roggenbrötchen	148	Mürbe Brezel	152
Buttermilch-Bauernbrot	69	Müslilaiberl	150
Buttermilchbrot mit Sesam	58	Nussweckerl	102
Buttermilchbrot mit Topfen	70	Partyrad	100
Buttermilch-Vollkornweckerl	124	Partysemmerl	143
Buttermilchweckerl mit Sesam	149	Pizzaweckerl	146
Ciabatta (Italienisches Fladenbrot)	90	Rahmweckerl	132
Cillis Bauernbrot	24	Roggenlaibchen	96
Cillis Vollkornbrot mit Sauerteig	26	Roggen-Leinsamen-Brot	46
Dinkelbrot mit Honig	56	Roggenschrotbrot mit Kürbiskernen	36
Dinkelbrot mit Molke	78	Saftiges Landbrot	40
Dinkelbrot mit Sesam	77	Salzstangerl I	108
Dinkel-Buchweizen-Brot	76	Salzstangerl II	118
Dinkelkipferl	158	Sauerteig-Kastenbrot	32
Dinkelvollkornbrot	30	Schnelles Dinkelbrot	92
Dinkelweckerl I	120	Schnelles Sauerteigbrot	33
Dinkelweckerl II	122	Schuastaloaberl	98
Feines Müslibrot	54	Schusterlaibchen	114
Frühstücksbrötchen	112	Schwarzbrot	42
Gesundheitsbrot	64	Semmeln	170
Grahamweckerl I	138	Sonnenblumenbrot I	52
Grahamweckerl II	157	Sonnenblumenbrot II	66
Grissini (Brotstangerl)	166	Specklaibchen	104
Haferflockenbrot	93	Toastbrot	80
Hausbrot mit Buttermilch	44	Topfengewürzbrot	82
Joghurtweckerl	126	Topfenweckerl	154
Jourgebäck	168	Vintschgerl	144
Käsehörnchen	130	Vollkornbrot mit Haferflocken	72
Käse-Stangenbrot	85	Vollkornbrot mit Kürbiskernen	28
Käse-Vollkornweckerl	156	Vollkornbrot mit Walnüssen	60
Käseweckerl I	116	Vollkornbrot ohne Sauerteig	50
Käseweckerl II	140	Vollkornkipferl	162
Kräuter-Fladenbrot	59	Wachauer Weckerl	123
Kürbiskernbrot mit Käse	88	Walnussbrot	38
Landmehlweckerl	135	Weißbrot (Semmelwecken)	68
Laugenstangerl	164	Weizen-Dinkel-Laibchen	160
Leinsamenweckerl	142	Zehn-Minuten-Brot	62
Mehrkornweckerl	136	Zwiebelbaguette	84

Die Autorin

Cäcilia Reisinger, genannt Cilli, wurde 1952 in Taufkirchen an der Pram/Oberösterreich geboren. Nach dem Hauptschulabschluss absolvierte sie eine Lehre als Verkäuferin in einer Metzgerei und besuchte dann die landwirtschaftliche Hauswirtschaftsschule in Mauerkirchen. Im Jahr 1971 heiratete sie ihren Mann Alois Reisinger und wurde Bäuerin auf dessen Hof in der Taufkirchner Ortschaft Bachschwölln. Sie brachte drei Kinder zur Welt. Im Jänner 2004 wurde der Bauernhof an ihren Sohn Wolfgang übergeben.
Cilli Reisinger ist eine begeisterte und erfahrene Brotbäckerin. Genaueres dazu in ihrem Vorwort.